MÉTODO**INICIANTE**PARA **VIOLÃO**CLÁSSICO

Domine a Técnica, o Repertório e a Musicalidade do Violão Clássico

ROSS**TROTTIER**

FUNDAMENTAL**CHANGES**

Método Iniciante Para Violão Clássico

Domine a Técnica, o Repertório e a Musicalidade do Violão Clássico

Publicado por **www.fundamental-changes.com**

Copyright © 2019 Fundamental Changes Ltd.

Tradução: Daniel Bosi

ISBN 978-1-78933-173-8

www.fundamental-changes.com

Mais de 11.000 curtidas no Facebook: **FundamentalChangesInGuitar**

Instagram: **FundamentalChanges**

Para mais de 350 aulas gratuitas de guitarra com vídeos, acesse:

www.fundamental-changes.com

Direitos Autorais da Imagem da Capa: Shutterstock: VisibleMind

Sumário

Introdução

O violão clássico representa um estilo de música incrivelmente gratificante e profundo. A quantidade de repertório disponível para o instrumento é vasta, abrangendo centenas de anos. Este livro irá ensiná-lo a tocar guitarra clássica integrando estudos, exercícios e exemplos do mundo real. Ao trabalhar com o material, certifique-se de não pular nenhuma etapa ou página. Cada exemplo e peça de repertório é cumulativo, fazendo com que seus primeiros passos no instrumento sejam indolores e divertidos.

Antes que qualquer execução possa ser feita, há algumas coisas que todos os alunos devem entender. Primeiro, algumas regras de ouro sobre a própria guitarra devem ser compreendidas. Em segundo lugar, os princípios técnicos básicos devem ser observados *desde o primeiro dia*. Horas, meses e até anos de frustração podem ser evitados através da compreensão de algumas informações básicas.

Regra de Ouro #1: Ao digitar notas, as cordas são pressionadas contra os trastes, não contra o braço da guitarra.

Lembro-me do dia em que essa informação me foi revelada. Eu já estava frequentando a universidade e estudando violão clássico, e ainda não entendo por que, até aquele ponto, ninguém me disse isso. O meu professor, Jonathan Leathewood, mencionou este princípio casualmente. Ninguém na turma acreditou no professor no início, mas quando verificamos por nós mesmos, ficamos chocados.

A corda é pressionada contra o traste, não contra o braço da guitarra. A foto abaixo ilustra isso. Observe a distância entre a corda e o braço da guitarra.

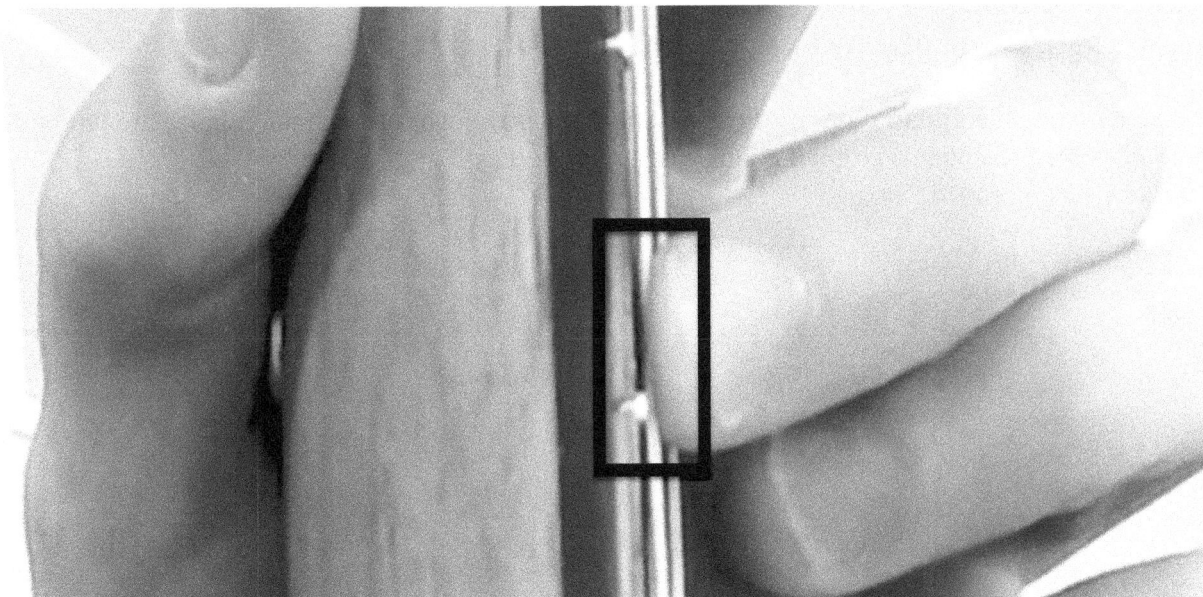

Esta é uma observação extremamente importante a fazer desde o início. É preciso quase nenhuma pressão para obter uma boa nota de um violão clássico. Muitos alunos aplicam muita pressão porque não estão atentos à colocação dos dedos. Zumbidos surgem e, geralmente, o primeiro reflexo é adicionar *mais* pressão. Isto causa dor física e limita a mobilidade da sua mão.

Se, por outro lado, você pressionar firmemente a corda contra o traste, a facilidade de execução é considerável. Pressionar a corda contra o traste requer que a ponta do dedo esteja bem próxima do traste, mas sem ficar diretamente sobre ele. Além disso, é importante inclinar os dedos ligeiramente na direção do traste. Também é de suma importância que você esteja usando *as pontas* dos seus dedos.

Nunca toque violão clássico com as digitais dos seus dedos!

Regra de Ouro #2: Para obter o melhor tom, empurre as cordas ao movimento

Aqui está uma informação legal: o som produzido pelos violões clássicos não vem da boca do violão.

O som vem do topo do instrumento, não da boca do violão. Quando a corda é atacada, o topo da guitarra vibra. A boca apenas ressoa a vibração, mas não é o principal mecanismo de emissão de som. Essa observação é incrivelmente importante, porque terá um efeito enorme no seu tom, bem como no volume.

A corda deve ser tocada de tal forma que seja empurrada para cima até que a corda se solte da ponta do dedo. Portanto, tocar é um movimento que move a corda para dentro em direção ao topo, e não simplesmente para cima e para baixo. O volume e a qualidade do tom aumentarão drasticamente ao observar este princípio.

Técnica Básica de Violão

Ao sentar com sua guitarra, um pé deve ser apoiado para elevar o braço da guitarra até um bom nível. Plante ambos os pés e coloque o corpo da guitarra entre as pernas.

A mão que digita as notas deve seguir alguns princípios básicos. Pressão não é necessária na maior parte do tempo. A pressão dos dedos vem de puxar levemente com o braço. As pontas dos dedos devem encostar nas cordas, seu polegar deve tocar na parte traseira do braço, e o resto de sua mão não deve tocar o violão. Não segure o braço do violão como se estivesse segurando firmemente alguma coisa.

Para encontrar a melhor posição para sua mão que toca as cordas (a mão direita se você for destro), coloque sua mão diretamente na sua frente. Em seguida, certifique-se de que o seu pulso está reto, permitindo que os seus dedos se movam.

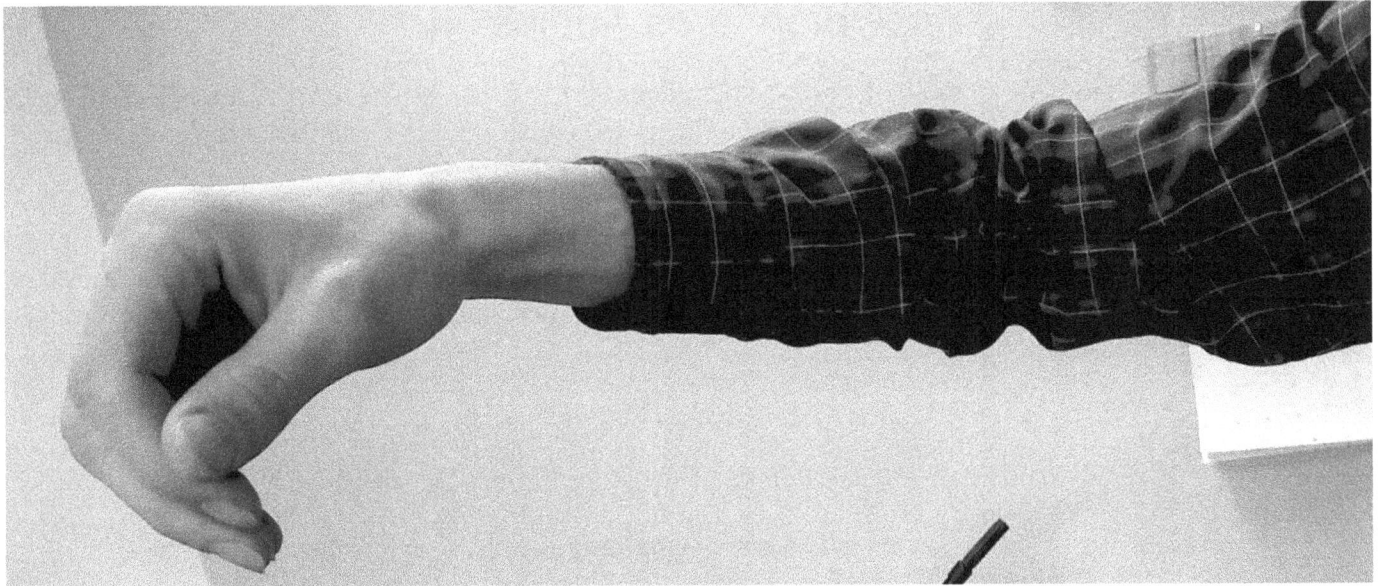

Em seguida, mova a mão direita e apoie levemente o polegar na corda A. Observe a forma triangular criada com o polegar, dedos e cordas. O seu polegar nunca deve estar no interior da sua mão.

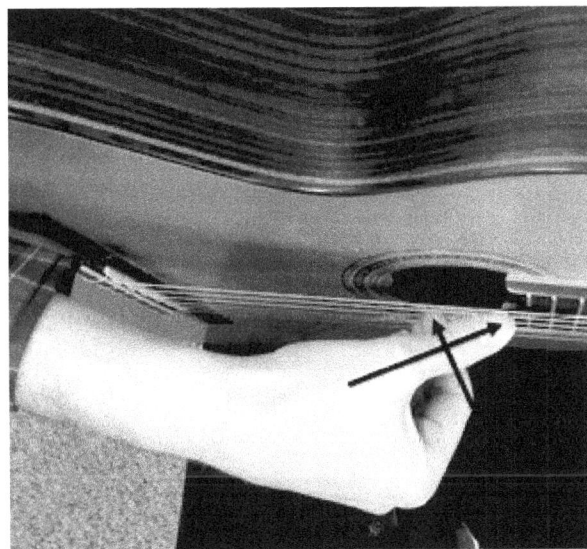

Sobre a Prática

Aprender a praticar bem é essencial para o seu sucesso. A prática deve ser feita regularmente e deve ser focada. A prática estruturada inclui leitura de notação, exemplos e repertório. Este livro se concentra no repertório. Você deve investir tempo para aprender os fundamentos da música. Isso inclui a leitura da notação, teoria musical e os rudimentos do ritmo. Além disso, pratique lentamente e COM UM METRÔNOMO.

Entenda a importância de um metrônomo!

Obtenha os Áudios

Os arquivos de áudio deste livro estão disponíveis para download gratuito no site www.fundamental-changes. com. O link está no canto superior direito da página. Basta selecionar o título deste livro no menu e seguir as instruções para obter o áudio.

Recomendamos que você baixe os arquivos diretamente no seu computador, não no seu tablet, e extraia-os no computador antes de adicioná-los à sua biblioteca de mídia. Você pode então colocá-los no seu tablet, iPod ou gravá-los em um CD. Na página de download há um PDF de ajuda e nós também oferecemos suporte técnico pelo formulário de contato.

Para mais de 350 aulas gratuitas de guitarra com vídeos, acesse:

www.fundamental-changes.com

Mais de 11.000 curtidas no Facebook: **FundamentalChangesInGuitar**

Instagram: **FundamentalChanges**

Capítulo Um — Técnica Básica, Aquecimento e Melodias

O Exemplo 1a é o exemplo de aquecimento mais importante em todo este livro. É fundamental e deve ser feito todos os dias no início da prática. Ao tocar as cordas, o movimento deve começar a partir da articulação maior na base do seu dedo. As articulações menores não tocam a corda, mas dobram como parte do movimento.

Este exemplo deve ser feito com movimentos livres e movimentos de descanso. O **movimento livre** é feito ao tocar a corda enquanto o dedo não toca as cordas adjacentes. O **movimento de descanso** é feito tocando diretamente a corda e parando na corda adjacente. A cada movimento, lembre-se de relaxar totalmente o seu dedo após o movimento ter sido executado.

Movimento Livre

Movimento de Descanso

Cada dedo deve ser utilizado individualmente nesse exemplo. Em primeiro lugar, o seu dedo indicador, que é representado neste livro com a letra *i*. Em seguida, o seu dedo médio, representado com a letra *m*. Depois, o seu dedo anelar, representado com a letra *a*. Finalmente o seu polegar, que é representado com a letra *p*.

Observe a linha escura com os pontos duplos no final do segundo ao último compasso. Isso instrui o leitor a repetir a seção. Depois da seção ser reproduzida pela segunda vez, o músico se move para o fim.

Exemplo 1a

O Exemplo 1b introduz a alternância entre polegar e dedos. Este exemplo é tocado com movimentos livres e movimentos de descanso. Observe o padrão como as notas são tocadas, acima das notas, listando os dedos da mão direita. O exemplo lista o padrão p e depois i. Isso o instrui a utilizar o polegar e depois o indicador. Repare na palavra "simile" após o padrão. Símile significa manter o padrão ao longo do exemplo, ou até que seja notado de outra forma. Este exemplo também envolve o uso do padrão polegar e depois dedo médio (p, m), assim como polegar e depois o anelar (p, a).

Exemplo 1b

O Exemplo 1c introduz um padrão de execução que requer três dedos em vez de dois. Neste exemplo, são utilizados os dedos polegar, indicador e médio. Note que o último compasso consiste na corda B como uma semibreve, soando em todo o compasso. Toque a corda com o dedo médio ou com o dedo anelar.

Exemplo 1c

O Exemplo 1d introduz outro padrão de dedilhado, desta vez utilizando todos os quatro dedos. Observe que o padrão termina com o polegar na corda D.

Exemplo 1d

O Exemplo 1e apresenta a mão esquerda. Os dedos da mão esquerda são rotulados da seguinte forma: 1 = indicador, 2 = dedo do meio, 3 = anelar, 4 = mindinho. Tenha cuidado para mudar cada dedo conforme necessário, não todos de uma só vez. Ao mudar do segundo compasso para o terceiro, o dedo indicador pode ser deixado no lugar como um dedo âncora entre cada acorde.

Exemplo 1e

O Exemplo 1f usa a mesma progressão de acordes, mas muda o padrão da mão direita para um padrão reverso. Este novo padrão funciona a partir das cordas mais agudas para as cordas mais graves.

Exemplo 1f

O Exemplo 1g introduz um padrão onde as cordas são ignoradas em vez de serem tocadas de forma adjacente.

Exemplo 1g

Estes exemplos devem ser praticados lentamente no início. Muitos desses conceitos e técnicas reaparecerão neste livro, e é de suma importância que o aluno dedique tempo para digerir esses exemplos. Use-os para aquecer diariamente; tenho certeza que colherá benefícios. Não negligencie o aquecimento. Cada capítulo começará com exemplos e prosseguirá com melodias, estudos e peças.

Em seguida, é hora de aprender algumas melodias simples, mas familiares. Aprenda cada melodia lentamente e faça o seu melhor para seguir as digitações e dedilhados.

Exemplo 1h — Good King Wenceslas

Exemplo 1i — Joy to the World

Exemplo 1j — Silent Night

Exemplo 1k — Amazing Grace

Agora é hora de começar a trabalhar em peças do repertório de violão clássico. Este capítulo conclui com um dos mais célebres compositores do violão clássico, Fernando Sor. Seu Opus 60 é conhecido por ser profundo e adequado para iniciantes.

Exemplo 1l — Fernando Sor Op. 60 No. 1

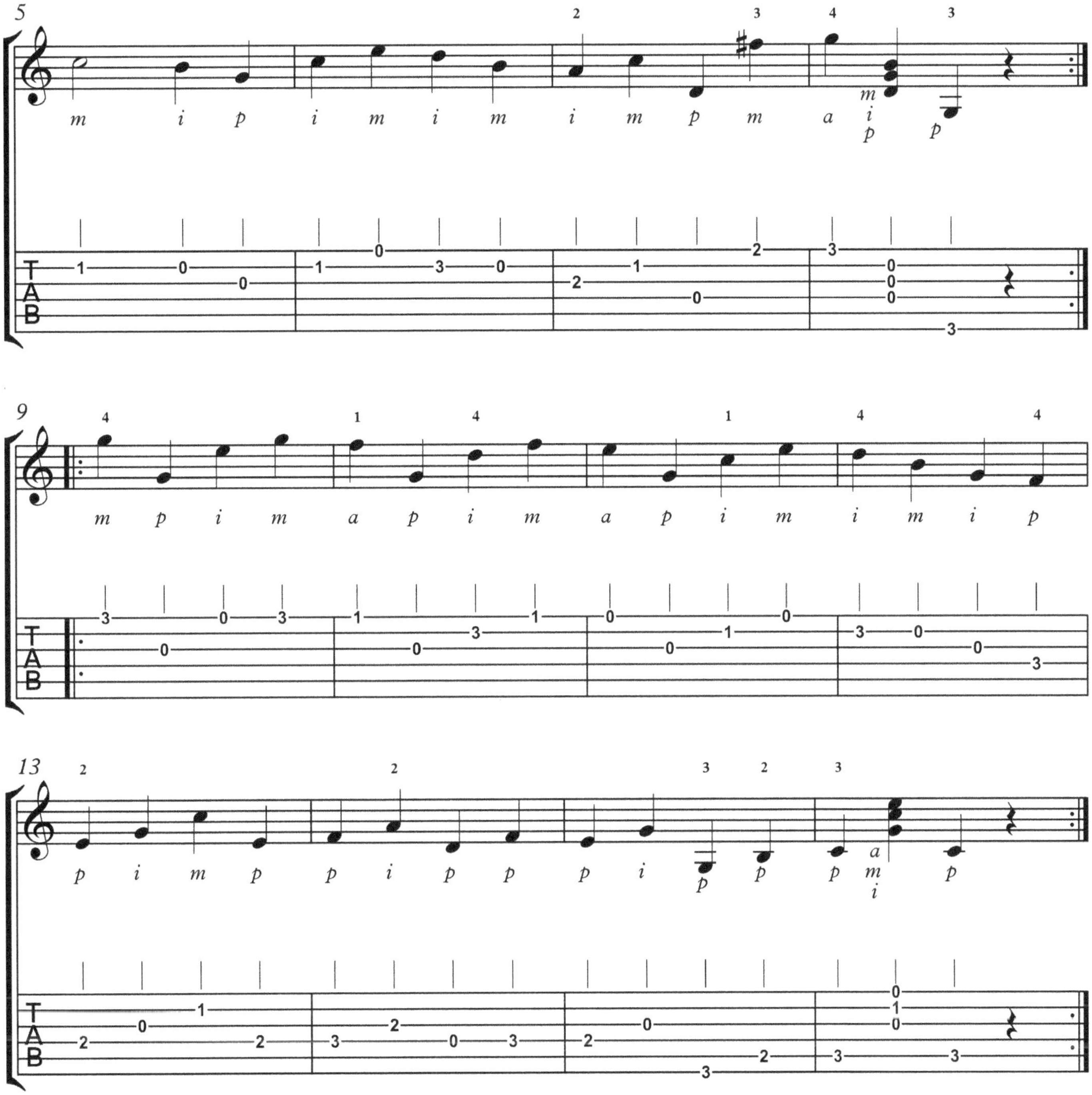
5
TAB
9
TAB
13
TAB

Exemplo 1m — Fernando Sor Op. 60 No. 2

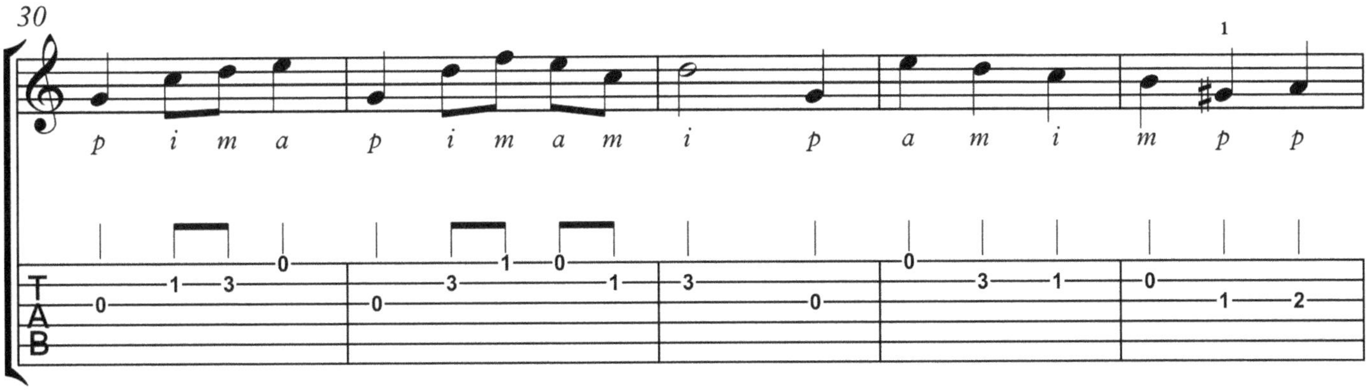
30
p i m a p i m a m i p a m i m p p

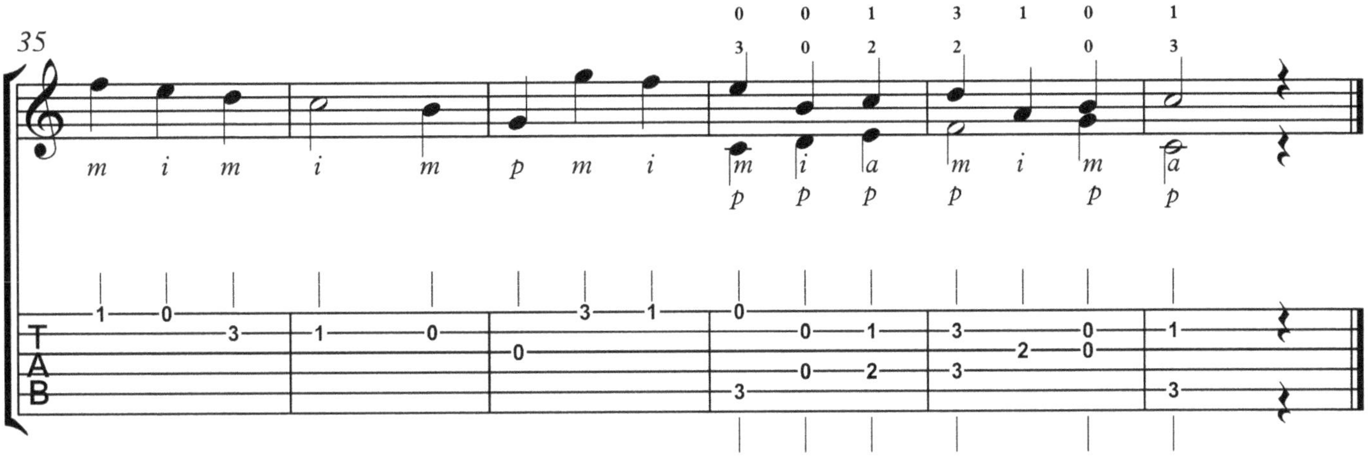
35
m i m i m p m i m i a m i m a
p p p p p p

Capítulo Dois — Introdução aos Arpejos e ao Tom de C Maior

Uma das razões pelas quais a guitarra clássica soa tão brilhante é o fato de que ela pode arpejar por uma ampla gama de intervalos musicais. Este capítulo vai apresentar os *120 Right Hand Studies* (120 Estudos Para Mão Direita) de Mauro Giuliani. Eles devem ser usados todos os dias para aquecer. Este livro vai apresentar um punhado deles em cada capítulo.

Estes exemplos usam acordes básicos de C Maior e G7 para treinar uma enorme variedade de padrões de dedilhado. Praticá-los todos os dias dará um enorme retorno em termos de habilidade técnica. Repare nas digitações, bem como na marcação "simile...".

Exemplo 2a — Mauro Giuliani Op. 1 No. 1

Exemplo 2b — Mauro Giuliani Op. 1 No. 2

Exemplo 2c — Mauro Giuliani Op. 1 No. 3

p   m   i   simile...

O Tom de C Maior

A maior parte da música é tocada em algum tom. Um tom, na sua essência, é um padrão que está centrado em torno de uma nota. A maioria das peças tem uma nota que é como se fosse um *lar*. A música causa tensão para o ouvinte quando se afasta daquela nota. Em geral, a música regressa à nota base para ficar bem resolvida.

Na tonalidade de C Maior, nossa nota base é C. Para o próximo punhado de exemplos, usaremos a escala de C Maior.

Exemplo 2d — A Escala C Maior

Para construir acordes a partir das notas de dentro desta escala, escolha grupos de terças. Terças são empilhadas com facilidade, como mostrado abaixo. Os números romanos indicam a nota na escala a partir da qual o acorde é construído. A segunda nota da escala é D, portanto, o acorde que é baseado em D é rotulado como ii. As minúsculas indicam acordes menores e as maiúsculas indicam acordes maiores; o símbolo de grau (°) indica acordes diminutos.

Exemplo 2e — Acordes em C Maior

Para mais escalas e acordes, consulte o último capítulo deste livro.

Mauro Giuliani escreveu uma grande quantidade de material. Este texto extrai de seu Opus 50 — um excelente e agradável conjunto de estudos. Seu Op. 50 No. 1 está no tom de C e introduz a ideia de *double stops* — duas notas tocadas simultaneamente — e alguns arpejos básicos.

Ao tocar *double stops*, deve ser executada uma alternância entre (p, i) e (p, m). Durante a seção de arpejo, observe as digitações listadas. O padrão geralmente usa o dedo do meio na corda E quando reproduzido como um *double stop*. O padrão também usará geralmente o dedo anelar na corda E aguda quando tocado como um *double stop* com o polegar.

Exemplo 2f — Mauro Giuliani Op. 50 No. 1

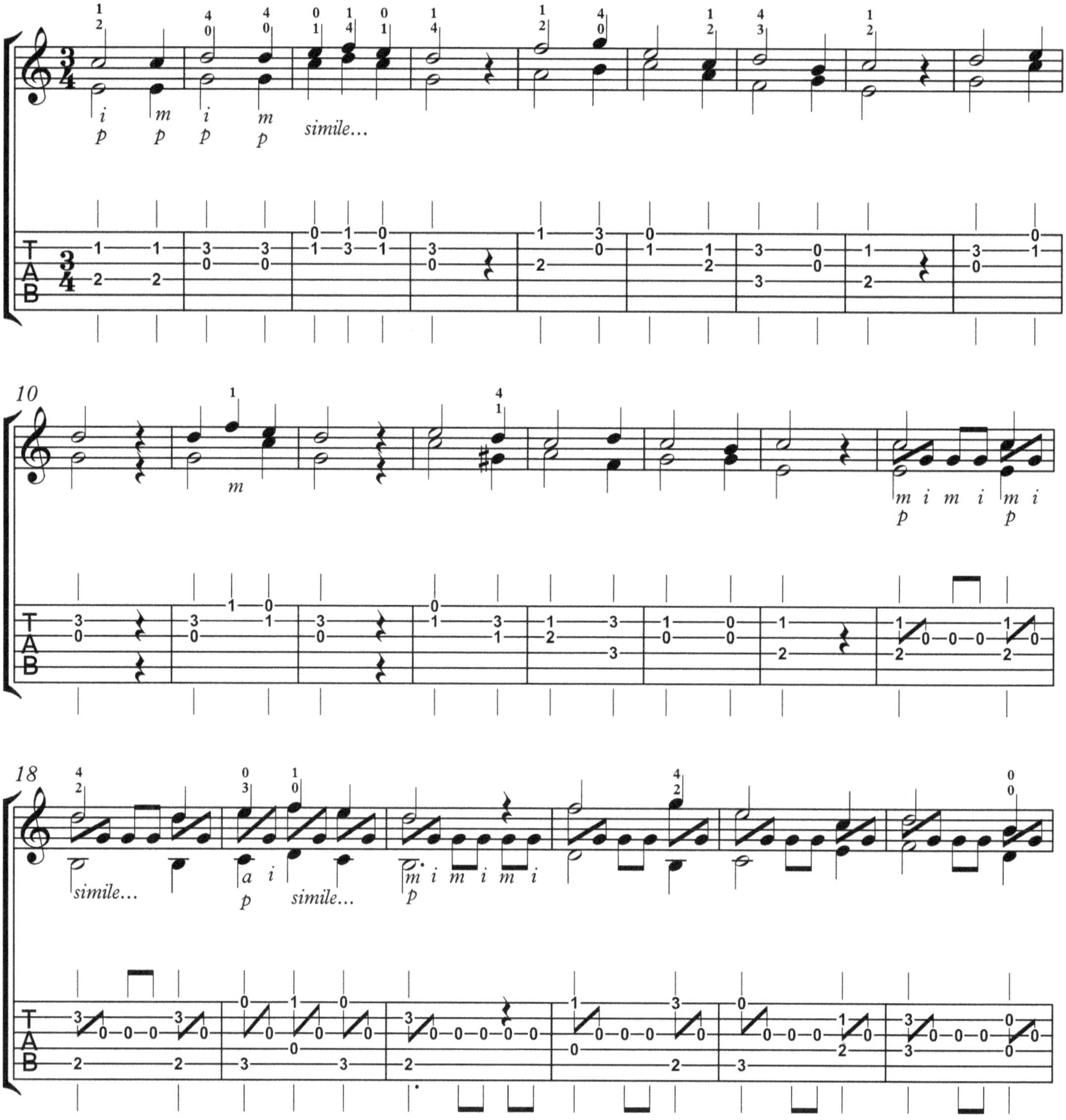

O Op. 50 No. 2 de Mauro é um ótimo exemplo que introduz o conceito de equilibrar várias melodias ao mesmo tempo. As melodias são tomadas e incorporadas com tons pedais na segunda metade do estudo. As semicolcheias na última parte devem ser praticadas muito lentamente no início e aceleradas gradualmente.

Observe a nota no início da peça. O compasso ao qual a nota pertence tem a duração de uma semicolcheia. Isso é chamado de anacruse. Você começa a peça no "e" do dois, ao contar.

Exemplo 2g — Mauro Giuliani Op. 50 No. 2

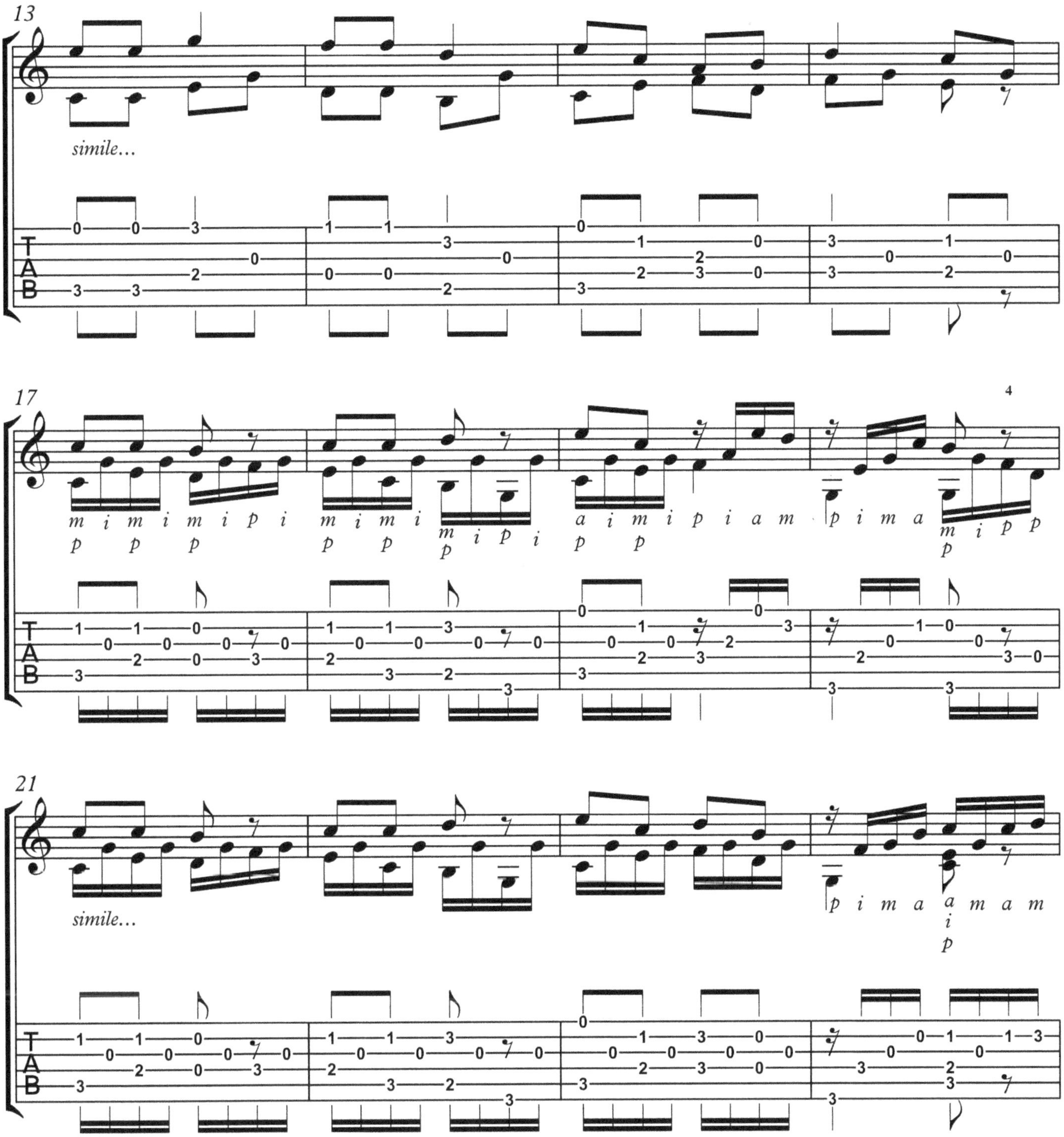
simile…
simile…

Uma das favoritas de longa data dos músicos iniciantes é a *Fur Elise* de Beethoven. Embora originalmente composto para piano, este clássico soa requintado no violão. Tenha cuidado para seguir de perto cada marcação de dedo, bem como observar as seções repetidas.

Além disso, é importante notar a primeira e a segunda finalização da primeira seção. O compasso sob o colchete marcado com **1** será tocado na primeira vez. Na segunda vez através da seção, reproduza a área sob o segundo colchete (marcado com **2**) em vez do primeiro.

Observe o compasso no início, que dura apenas uma semínima. Ao contar para esta peça, comece no 3. Certifique-se de também observar as repetições corretamente, deixando o anacruse de fora ao fazer a repetição.

Exemplo 2h — *Fur Elise* de Beethoven

Usar o polegar para escalas é uma habilidade extremamente útil. O Op. 60 No. 3 de Sor é absolutamente perfeito para desenvolver essa habilidade. O polegar deve ser usado por quase toda a peça, exceto para a extremidade onde está marcado. As escalas desta peça são tocadas na chamada "posição fechada". As cordas soltas não serão usadas, na maior parte das vezes.

Este estudo introduz as notas sobrepostas do violão. Cada nota do violão, com exeção das mais agudas e das mais graves, podem ser tocadas em várias áreas do braço do violão.

Exemplo 2i — Op. 60 No. 3 de Fernando Sor

O quarto estudo do Op. 60 de Fernando Sor está escrito em C Menor. A escala menor ainda se concentra em C, mas usa um padrão diferente. Tenha cuidado para observar os bemóis em B, E e A. Os ritmos são um pouco mais complicados, usando colcheias pontuadas, bem como semicolcheias.

Exemplo 2j — Op. 60 No. 4 de Fernando Sor

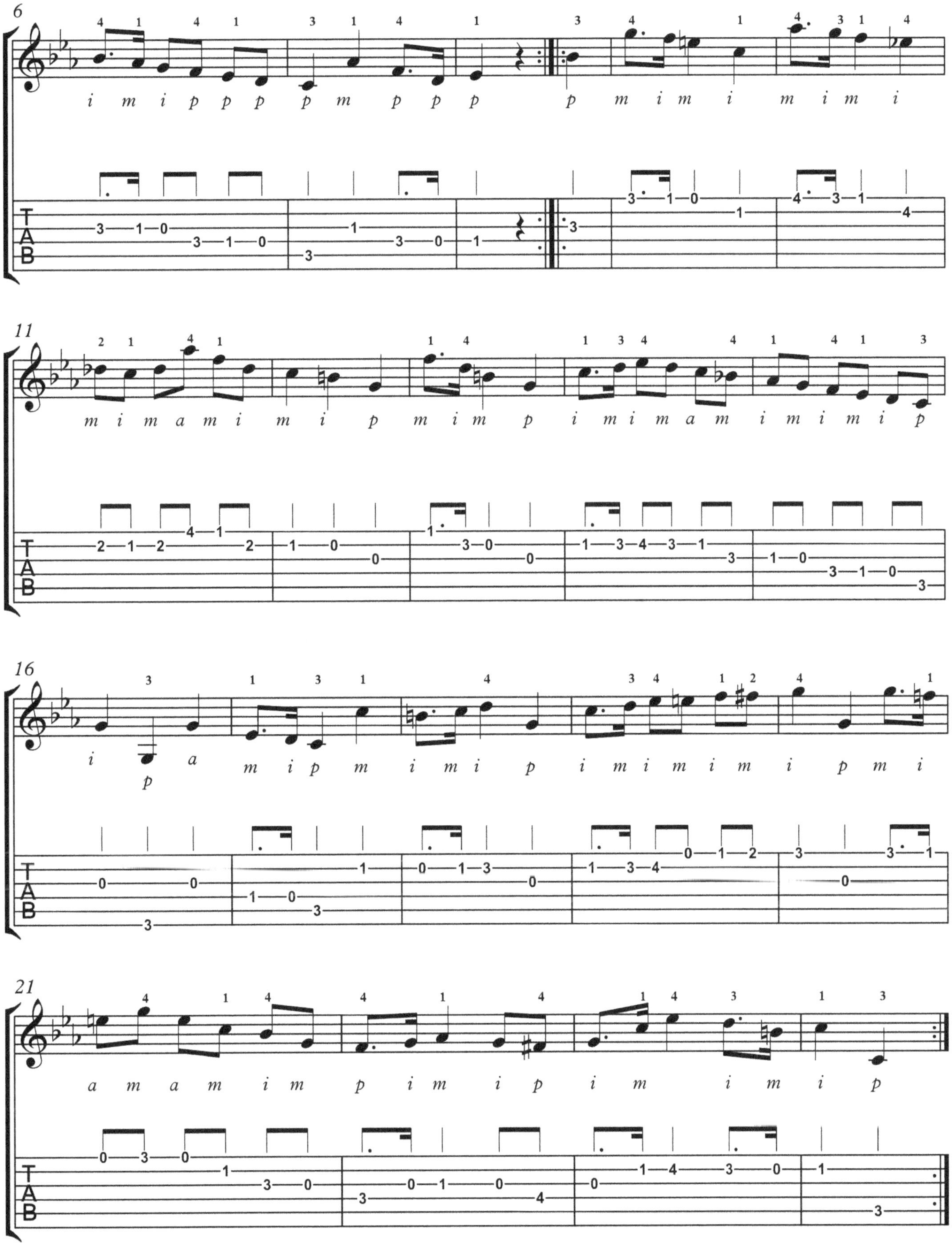
6
11
16
21

Capítulo Três — Misturando Arpejos e Escalas

Estes próximos três exemplos de arpejos são uma variação usando os mesmos acordes dos arpejos do último capítulo. Observe que os padrões espelham um ao outro, mas ainda assim adicionam variação.

Ao melhorar a sua coordenação na guitarra, a variedade é igualmente importante para a repetição.

Exemplo 3a — Op. 1 No. 4 de Mauro Giuliani

Exemplo 3b — Op. 1 No. 5 de Mauro Giuliani

Exemplo 3c — Op. 1 No. 6 de Mauro Giuliani

O Op. 50 No. 3 de Guiliani introduz mais variedade. Está no mesmo tom que os dois primeiros estudos da série. Este, no entanto, mistura tercinas com semicolcheias. Certifique-se de fazer com que as tercinas fiquem bem ajustadas no tempo, assim como as semicolcheias.

Exemplo 3d — Op. 50 No. 3 de Mauro Giuliani

O Op. 60 No. 5 de Sor é realmente excelente para desenvolver técnicas de escala. Começando em A menor, e eventualmente mudando para A Maior, esta peça é muito bonita. Observe a mudança de tom no meio da peça. Use este exemplo para desenvolver as suas escalas, bem como a sua capacidade de tocar essas escalas com sentimento. Este estudo está implorando por um bom fraseado.

Observe também que o compasso é de 6/8. Cada batida é dividida em tercinas. No final, o símbolo S indica que o músico deve voltar ao início e tocar para o "FINE".

Exemplo 3e — Op. 60 No. 4 de Fernando Sor

13
p m i p m i p m i p m i p m i p m i p m i p
TAB
17
p m i a p a m i p a m i m a p a i m i
TAB
21
p i m a p a m i p i m i m i p i m p
TAB

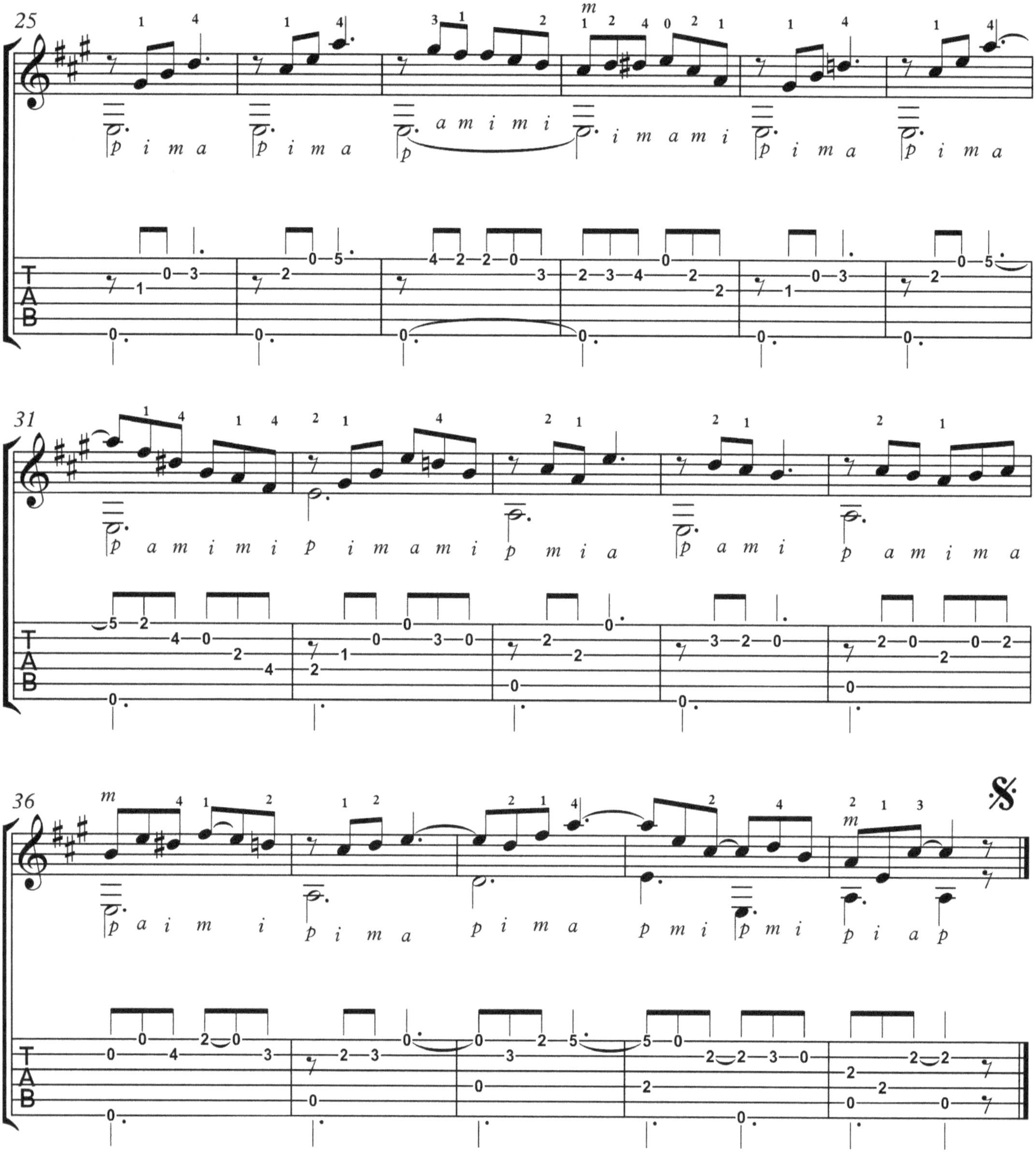
25
T
A
B
31
T
A
B
36
T
A
B

Capítulo Quatro — Arpejos de Polegar e uma Introdução ao Equilíbrio de Vozes

Os próximos três exemplos de arpejos introduzem padrões nos quais as cordas são puladas.

Exemplo 4a — Op. 1 No. 7 de Mauro Giuliani

Exemplo 4b — Op. 1 No. 8 de Mauro Giuliani

Exemplo 4c — Op. 1 No. 9 de Mauro Giuliani

Em seguida, Guiliani vai ilustrar como tocar arpejos apenas com o polegar, enquanto mantém uma melodia com os dedos. Este estudo é também muito bonito, dividido em tercinas, e deve ser praticado muito lentamente. Esforce-se para fazer a melodia soar acima dos arpejos.

Exemplo 4d — Op. 50 No. 4 de Mauro Giuliani

O Op. 60 No. 6 de Fernando Sor é outro exemplo muito bonito. Este estudo concentra-se em misturar arpejos com escalas enquanto equilibra várias vozes.

Certifique-se de seguir estas digitações muito de perto, pois o polegar desempenha um papel muito importante aqui.

Exemplo 4e — Op. 60 No. 6 de Fernando Sor

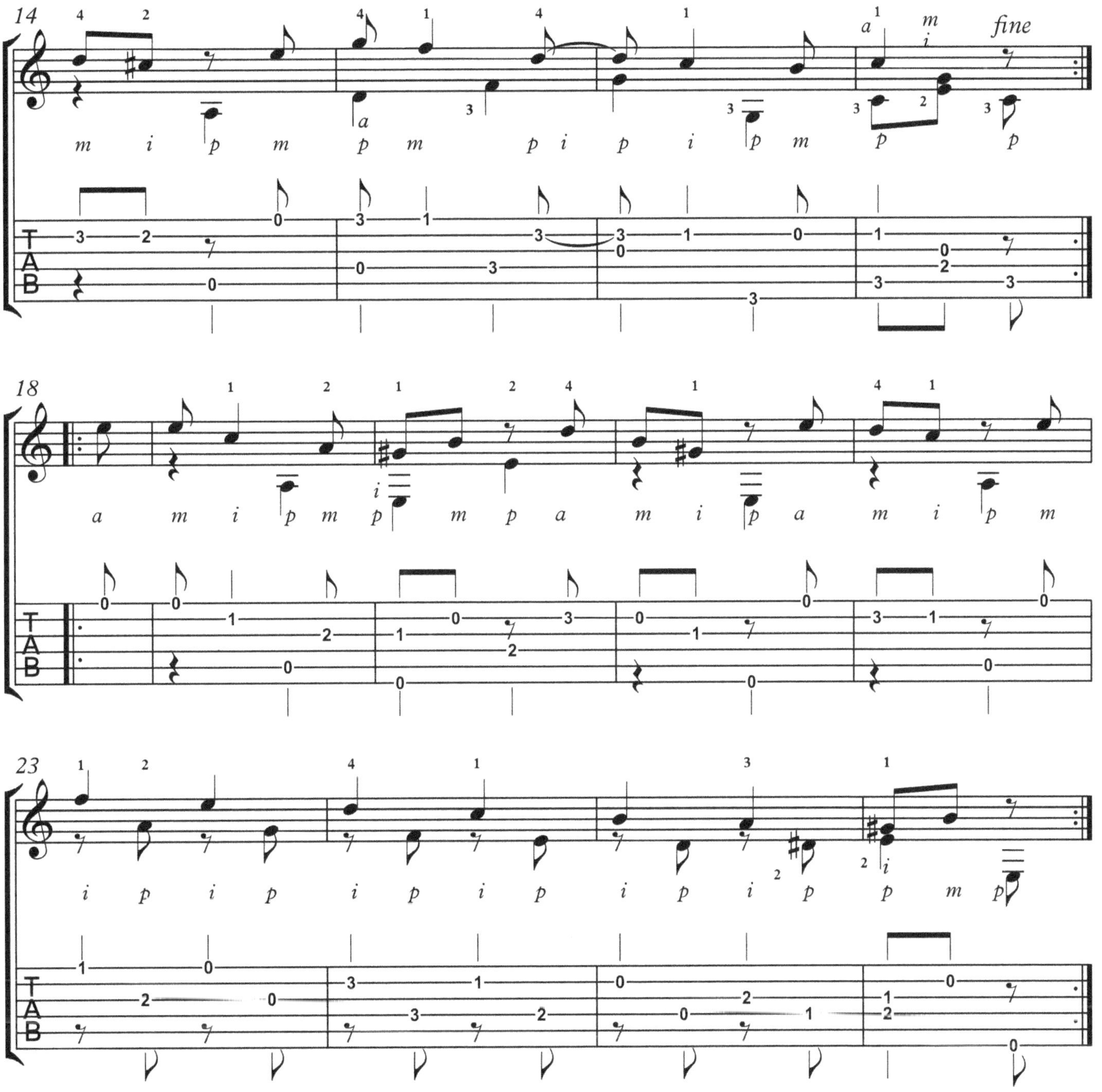
fine

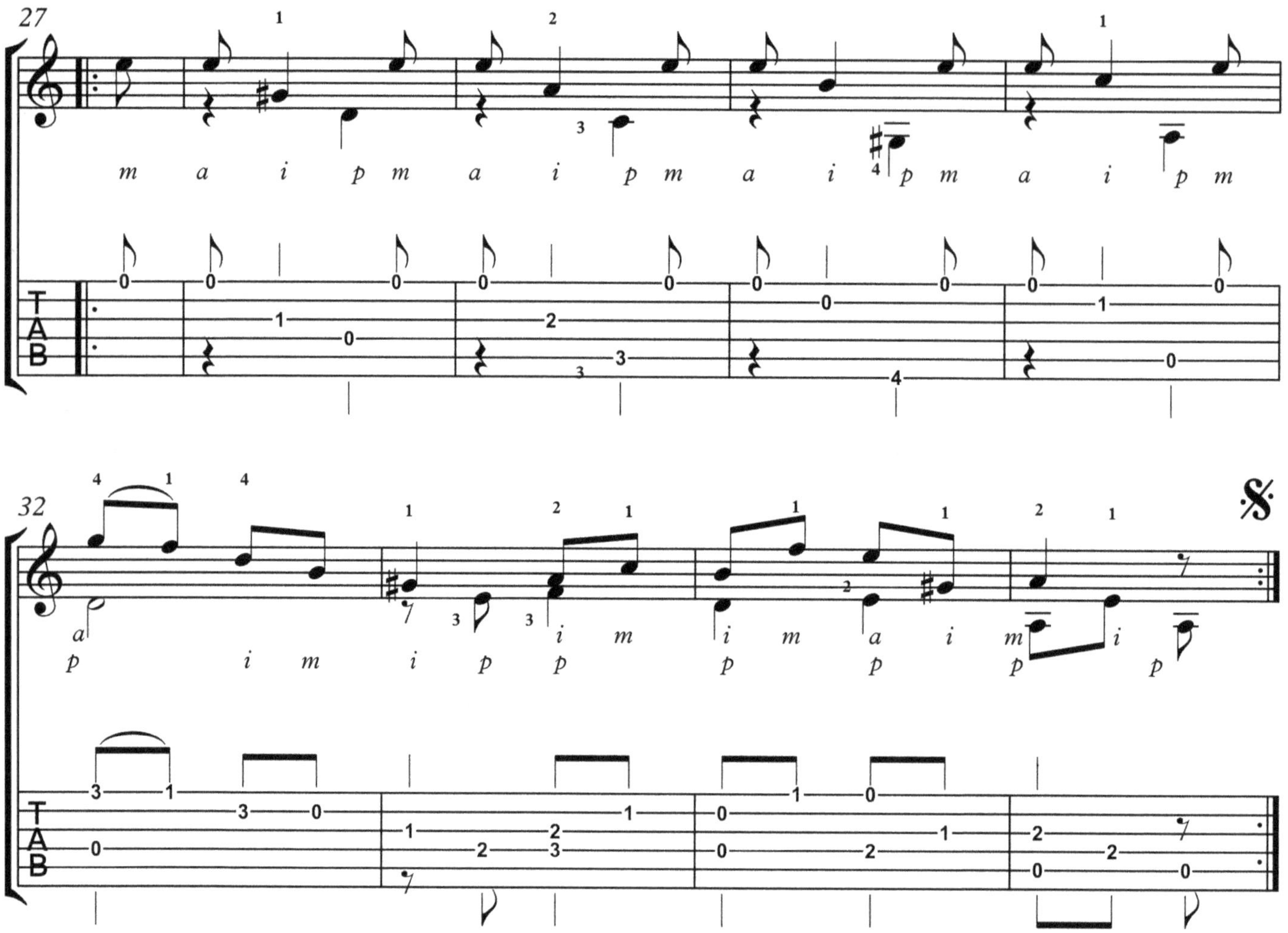

Capítulo Cinco — Intervalos Paralelos, Arpejos Avançados e a Pestana

Os próximos três exemplos de arpejos estendem os padrões do último capítulo. Cada padrão delineia algumas cordas que são saltadas, bem como cordas adjacentes. O último exemplo incorpora descansos de uma forma muito interessante. Use o polegar para abafar as notas graves quando as pausas aparecerem.

Exemplo 5a — Op. 1 No. 10 de Mauro Giuliani

Exemplo 5b — Op. 1 No. 11 de Mauro Giuliani

Exemplo 5c — Op. 1 No. 12 de Mauro Giuliani

O Op. 50 No. 5 de Guiliani é um estudo rápido, mas divertido. Pratique-o de forma extremamente lenta no início e acelere um passo de cada vez. Preste muita atenção às digitações.

Exemplo 5d — Op. 50 No. 5 de Mauro Giuliani

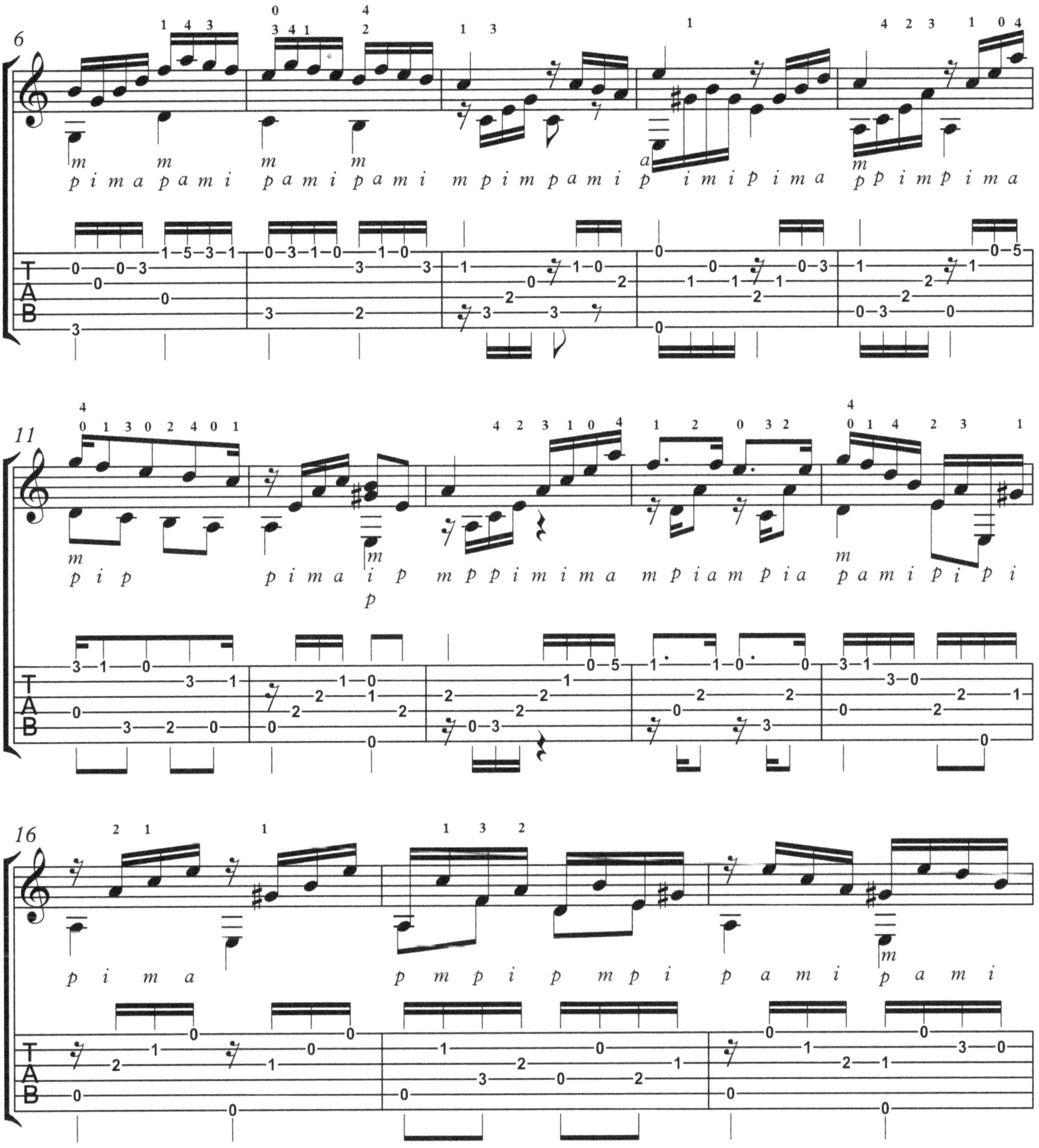
6
11
16
TAB

O Op. 60 No. 13 de Fernando Sor é um ótimo exemplo de intervalos paralelos, focando especificamente em terças e sextas. Quase toda a peça é constituída por pares de notas que se movimentam paralelamente.

Certifique-se de usar o polegar para todas as notas com hastes para baixo.

Exemplo 5e — Op. 60 No. 13 de Fernando Sor

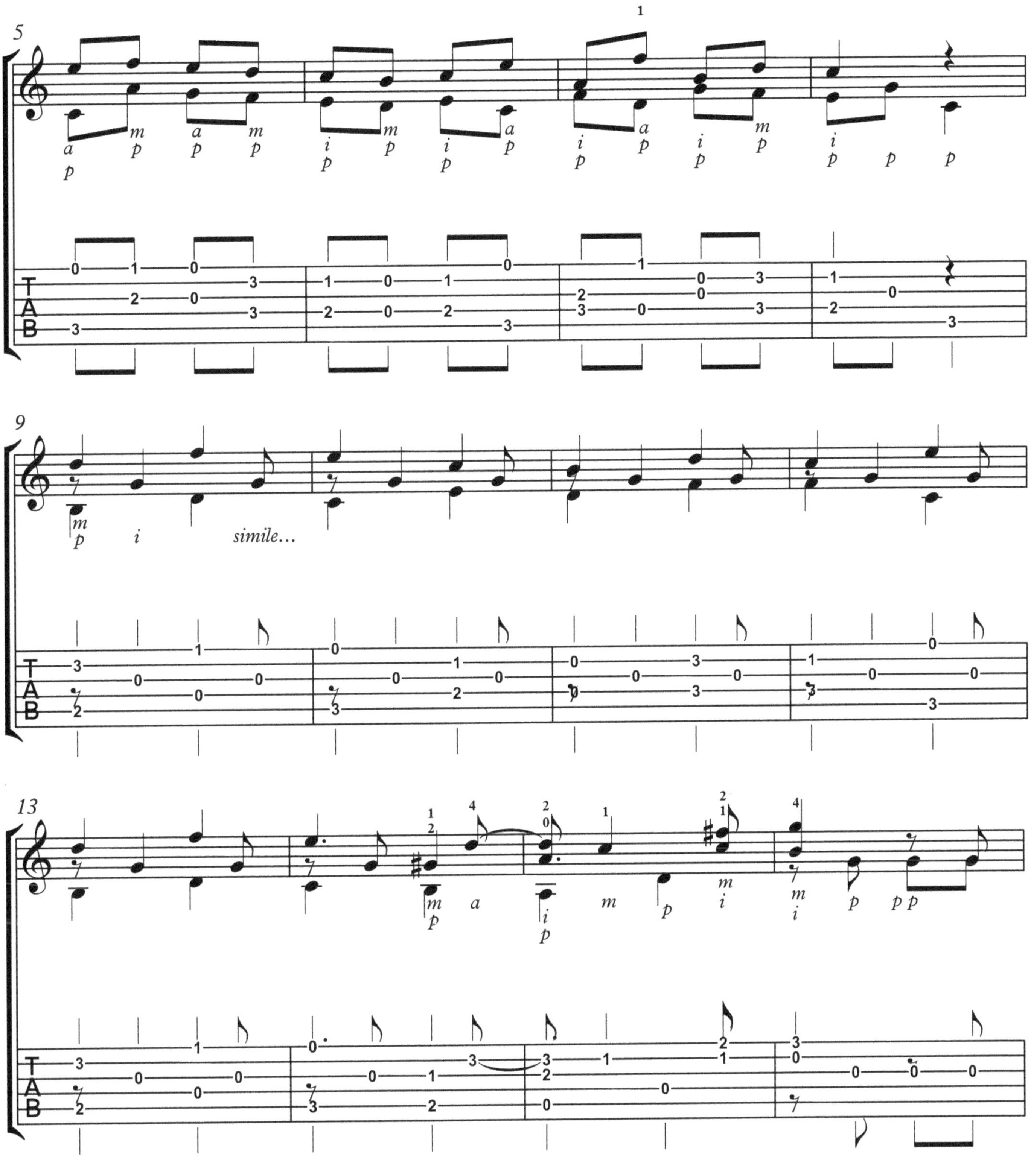
5
9
simile…
13

Francisco Tárrega é o mais célebre compositor de violão clássico por uma razão. Sua música é absolutamente linda e tem um som muito nostálgico e romântico.

O seu estudo em C vai lhe ajudar a desenvolver as suas capacidades de equilíbrio de vozes. Enfatize a primeira nota de cada tercina e toque as notas entre elas com um pouco menos de volume.

Este estudo introduz a pestana, tanto a completa como a meia pestana. Uma pestana completa (C) abafa todas as seis cordas usando o indicador; uma meia pestana (1/2C) abafa apenas as três cordas mais agudas.

É extremamente importante ter certeza de que a sua pestana é feita de lado, bem como paralela ao traste.

Exemplo 5f — Etude em C de Francisco Tárrega

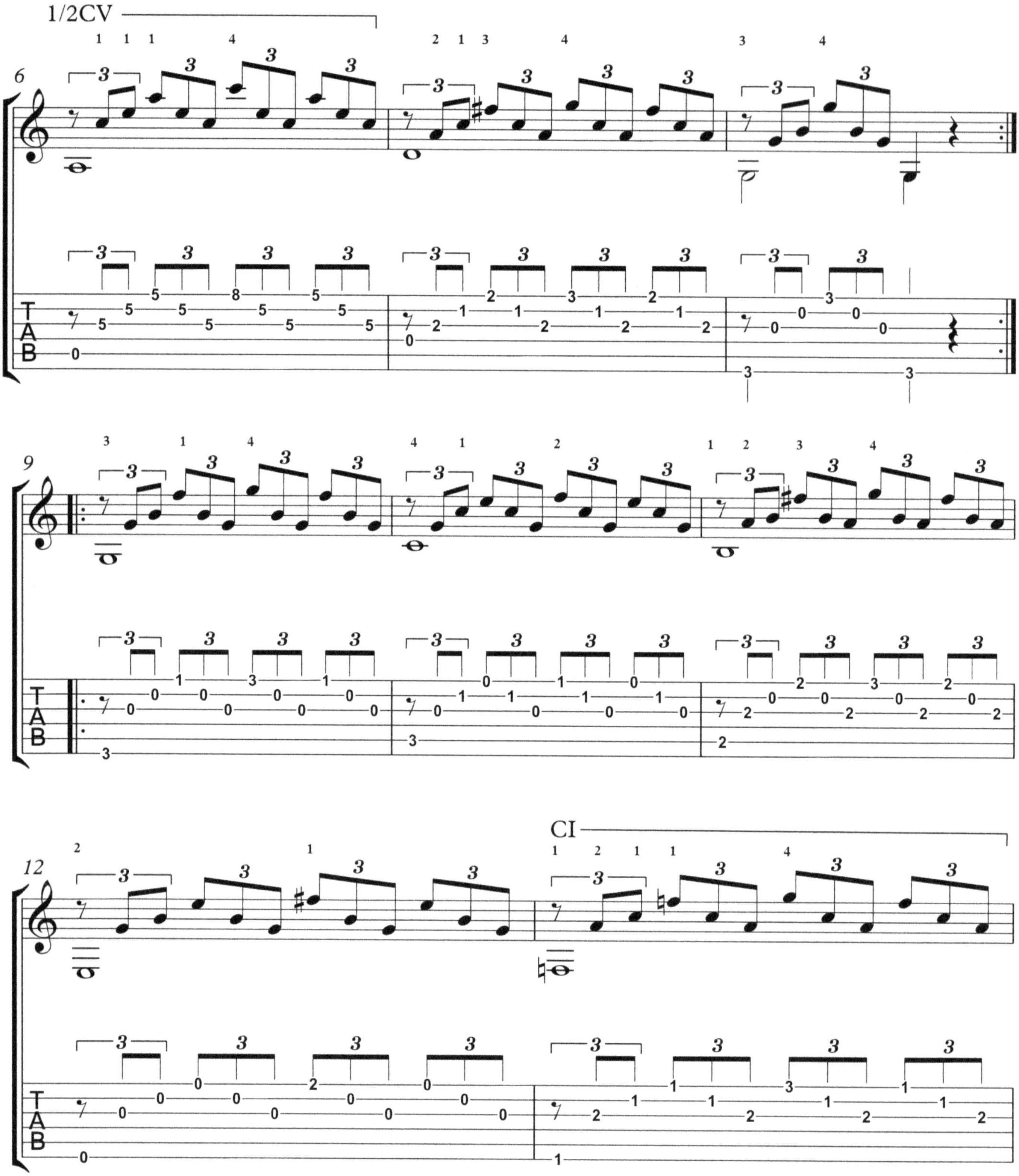
1/2CV
CI

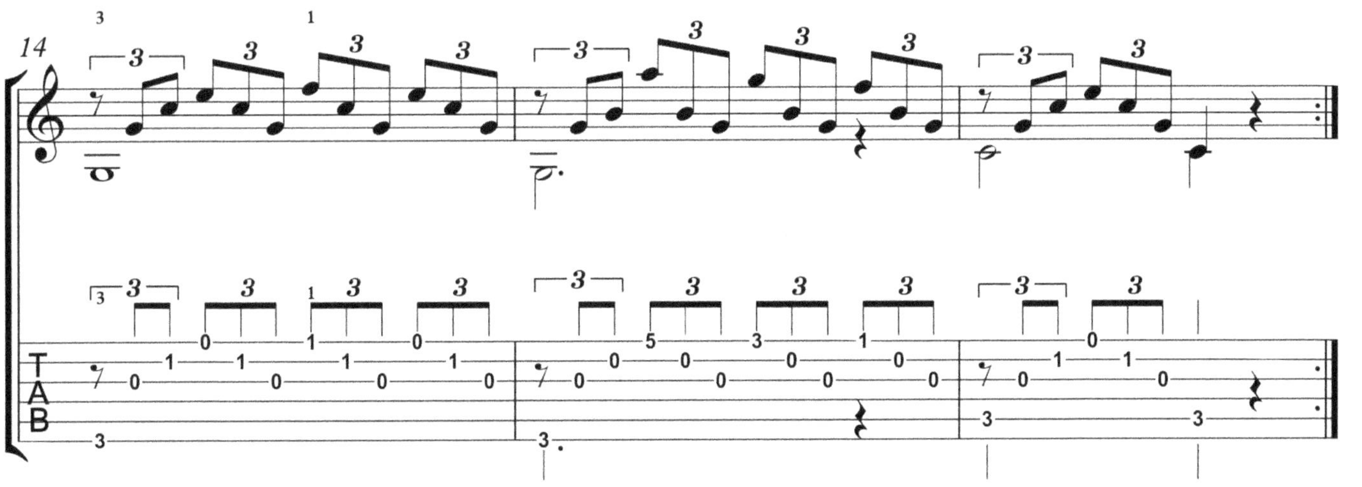

Capítulo Seis — Ornamentos e Misturas de Double Stops com Arpejos

Nos próximos três exemplos de arpejo, é hora de começar a usar dois dedos simultaneamente. Estes padrões fornecem uma introdução a essa ideia, usando dois dedos ao mesmo tempo em cada batida.

Exemplo 6a — Op. 1 No. 13 de Mauro Giuliani

Exemplo 6b — Op. 1 No. 14 de Mauro Giuliani

Exemplo 6c — Op. 1 No. 15 de Mauro Giuliani

Este próximo estudo de Mauro Giuliani é outro exemplo rápido de escala. Desta vez, no entanto, o uso de ornamentos está incluso. Para executar um ornamento, toque a primeira nota e deslize para a segunda imediatamente. Execute isso tudo na batida.

Observe a oportunidade de usar descansos no baixo na terceira nota de cada tercina, usando o polegar para criar um efeito staccato.

Exemplo 6d — Op. 50 No. 6 de Mauro Giuliani

O próximo estudo, outro de Fernando Sor, é um pouco mais lento e melancólico. Tenha cuidado para fazer cada acorde soar com volume, pois esta peça soa melhor quando tocada com um som completo.

É importante notar as repetições e os finais um e dois.

Exemplo 6e — Op. 60 No. 14 de Fernando Sor

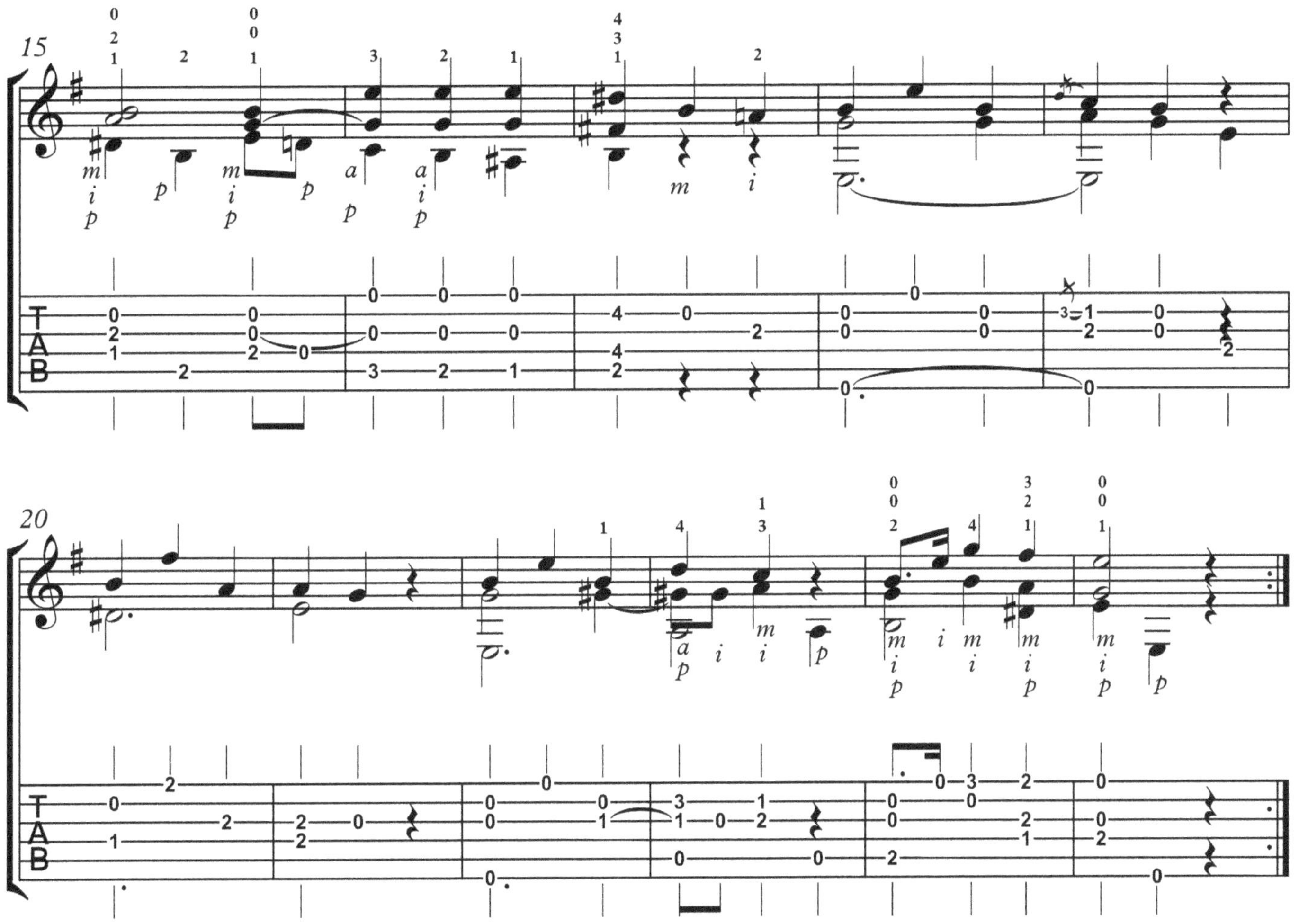
15
TAB
20
TAB

Capítulo Sete — Exemplos de Velocidade

Os próximos três exemplos de arpejos aprofundam a técnica de usar duas notas ao mesmo tempo, e introduzem a ideia de usar três notas ao mesmo tempo.

Exemplo 7a — Op. 1 No. 16 de Mauro Giuliani

Exemplo 7b — Op. 1 No. 17 de Mauro Giuliani

Exemplo 7c — Op. 1 No. 18 de Mauro Giuliani

Giuliani vai agora ajudar a aprofundar a técnica de arpejos. Este estudo mistura muitas das ideias apresentadas nos estudos dos capítulos anteriores e se move a um ritmo acelerado. Como em todos os estudos rápidos, pratique este lentamente no início.

Exemplo 7d — Op. 50 No. 13 de Mauro Giuliani

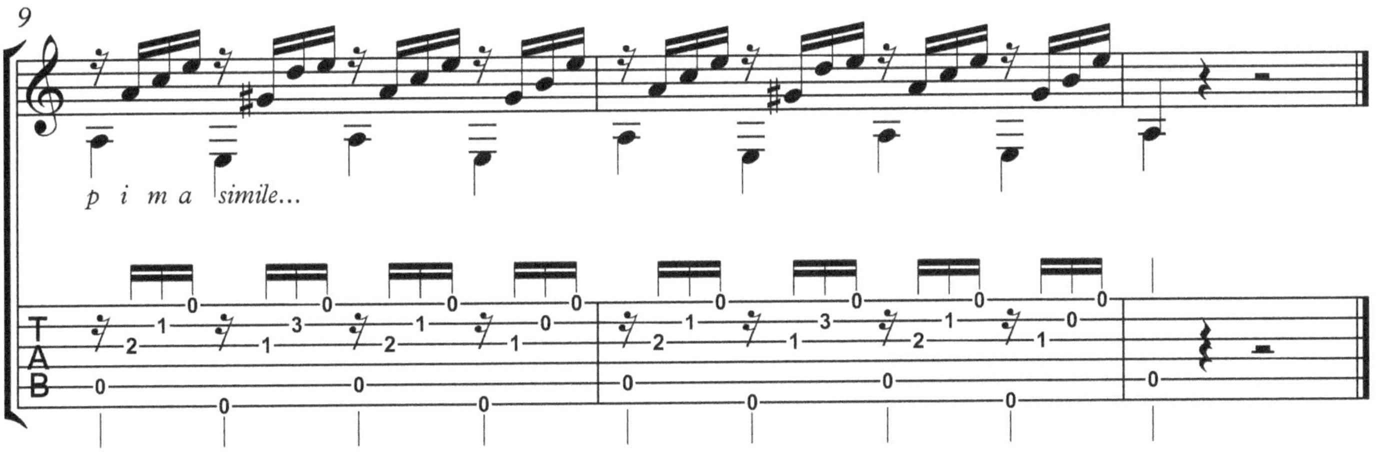
9
p i m a simile...
T
A
B

O próximo estudo de Fernando Sor também reforça a ideia de arpejos. Este estudo, no entanto, é um pouco mais rítmico na sua natureza. Um arpejo rápido é executado, seguido de uma nota que é mantida.

Exemplo 7e — Op. 60 No. 18 de Fernando Sor

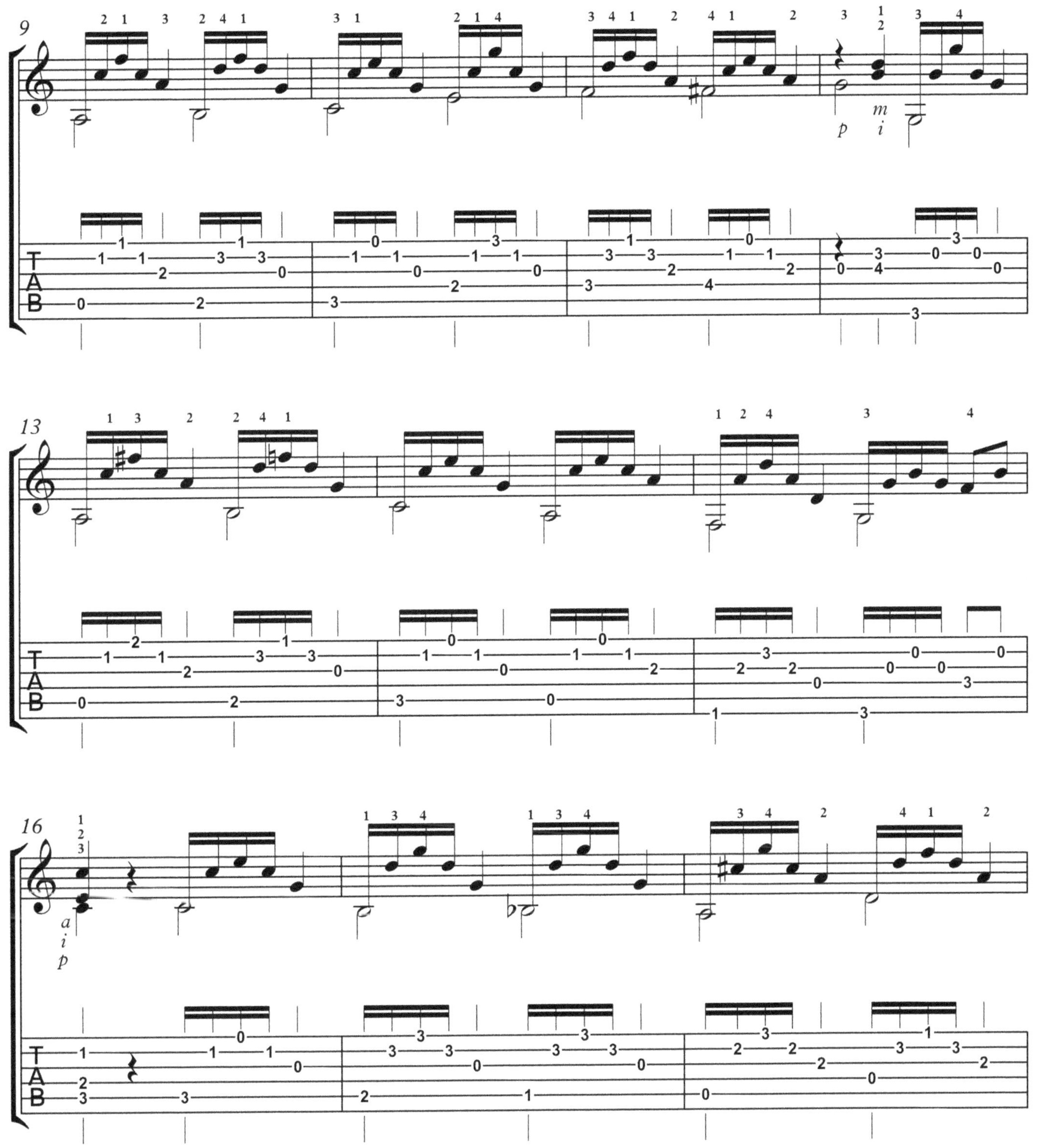
9
13
16
T
A
B

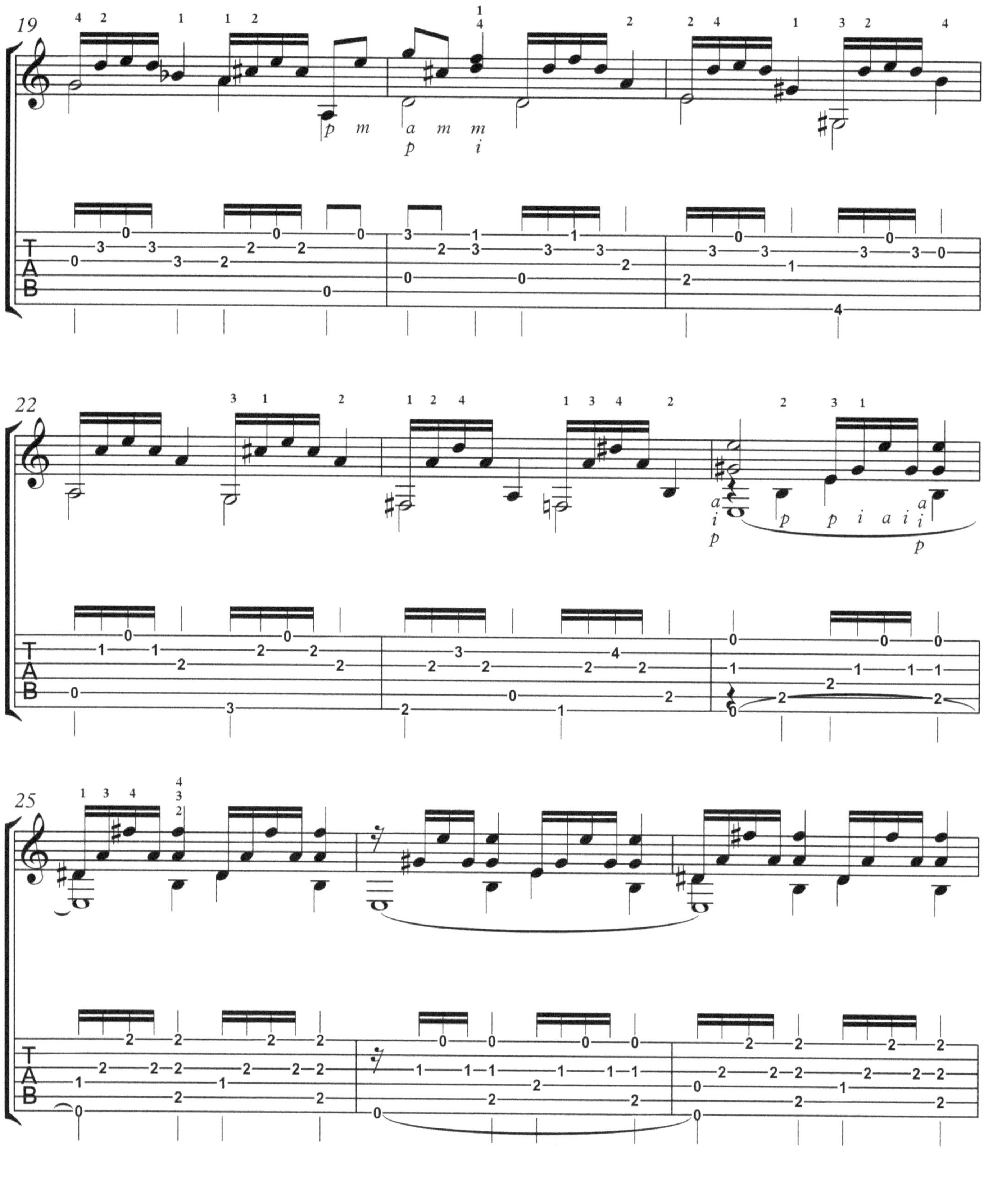

O equilíbrio das vozes é o foco aqui. Certifique-se de fazer com que a corda E aguda se destaque.

Exemplo 7f — Etude em E Menor de Francisco Tárrega

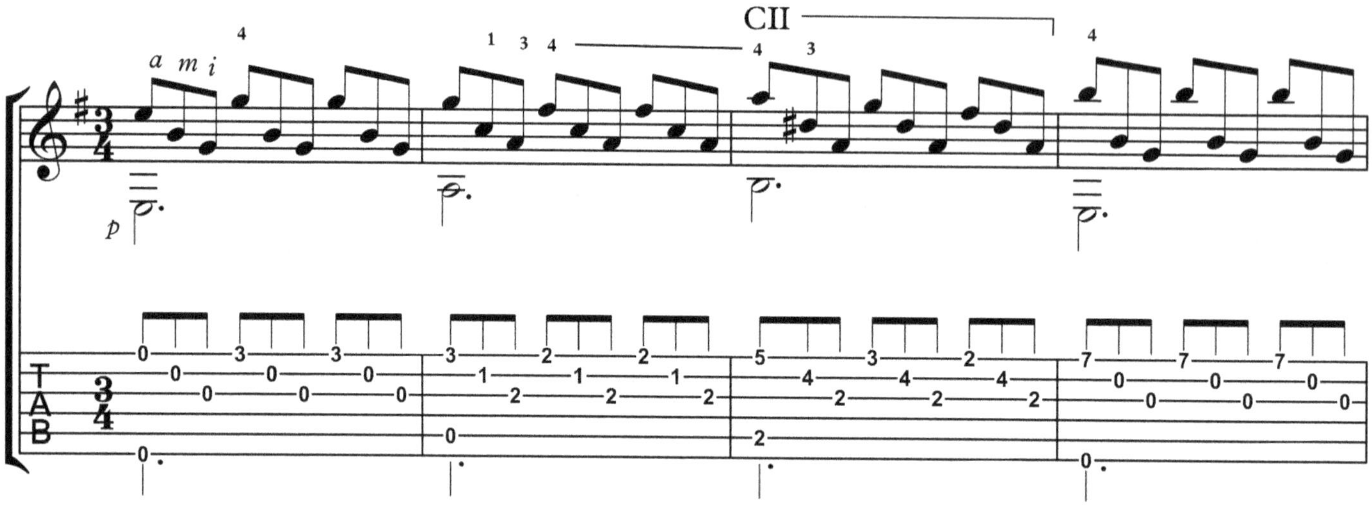

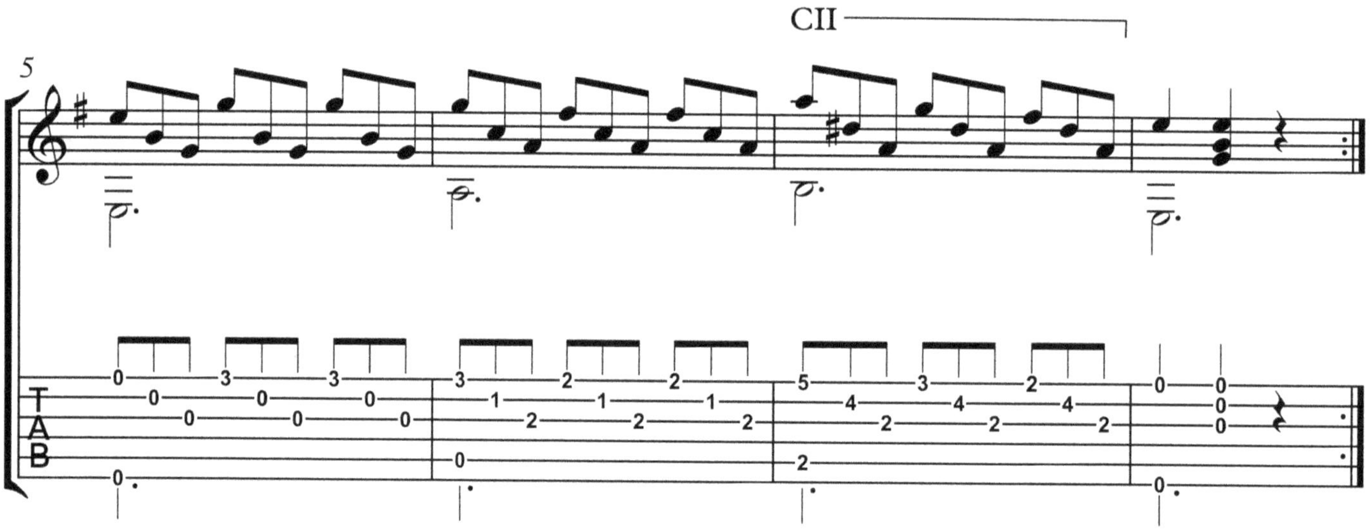

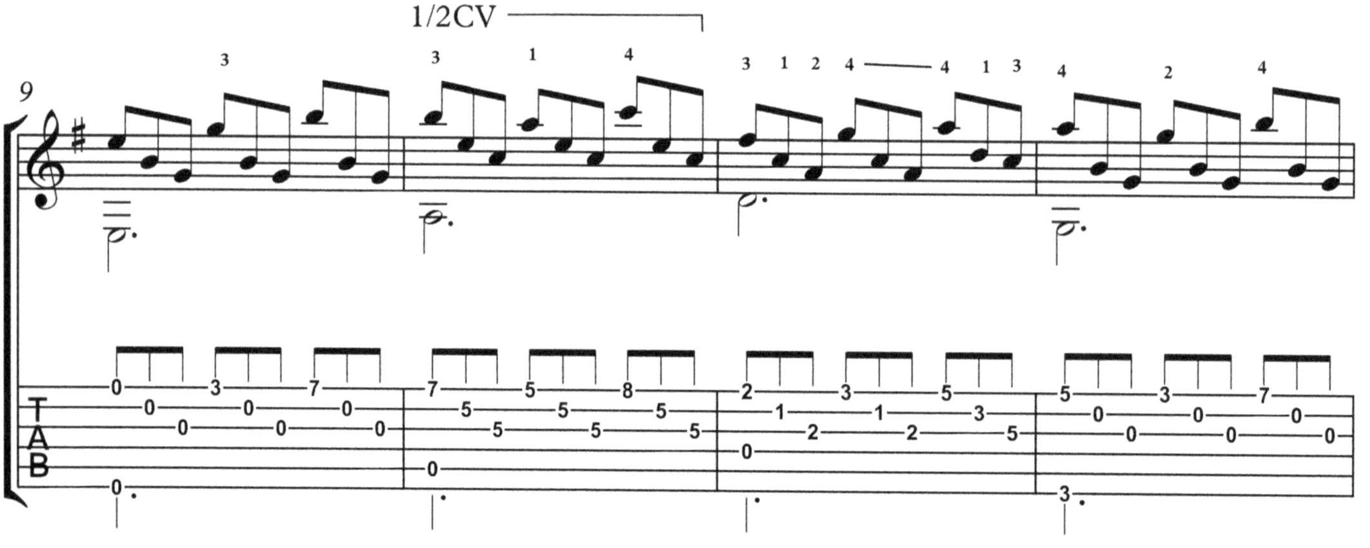

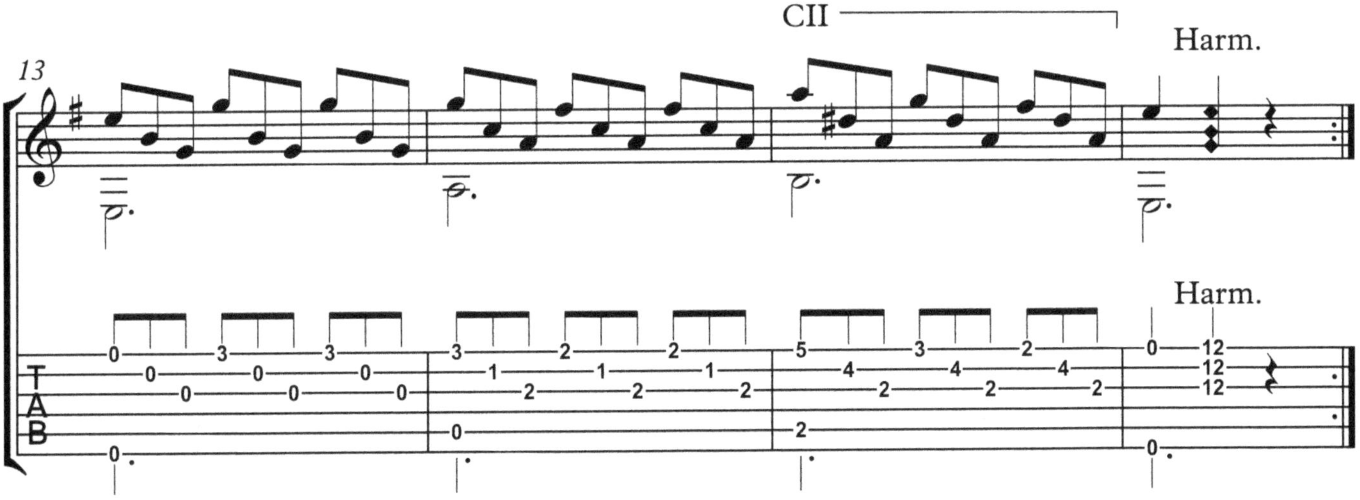
13
CII
Harm.
Harm.

Capítulo Oito — Primeiro Conjunto de Estudos Desafiadores

Os dois arpejos seguintes concluem exemplos do Op. 1 de Mauro Giuliani. A obra inteira consiste em 120 estudos diários. Qualquer violonista que domina todos os padrões de dedilhado deste opus é capaz de tocar qualquer coisa.

Exemplo 8a — Op. 1 No. 19 de Mauro Giuliani

Exemplo 8b — Op. 1 No. 20 de Mauro Giuliani

O estudo de Fernando Sor em G maior pode lembrar uma música dos Beatles. O seu ritmo vivo de 6/8 puxa o músico para a frente e a sua melodia simples inclui uma excelente qualidade de voz. Certifique-se de enfatizar as batidas, trazendo a melodia para fora, acima do acompanhamento.

Exemplo 8c — Op. 60 No. 19 de Fernando Sor

A próxima peça, a primeira Pavana de Luis Milan, é uma dança renascentista encantadora. Repare que o compasso está em *alla breve*. Em outras palavras, indica ao músico para *cortar os valores das notas ao meio*. Cada semibreve é contada como uma mínima, e cada semínima é contada como uma colcheia.

Exemplo 8d — Pavana No. 1 de Luis Milan

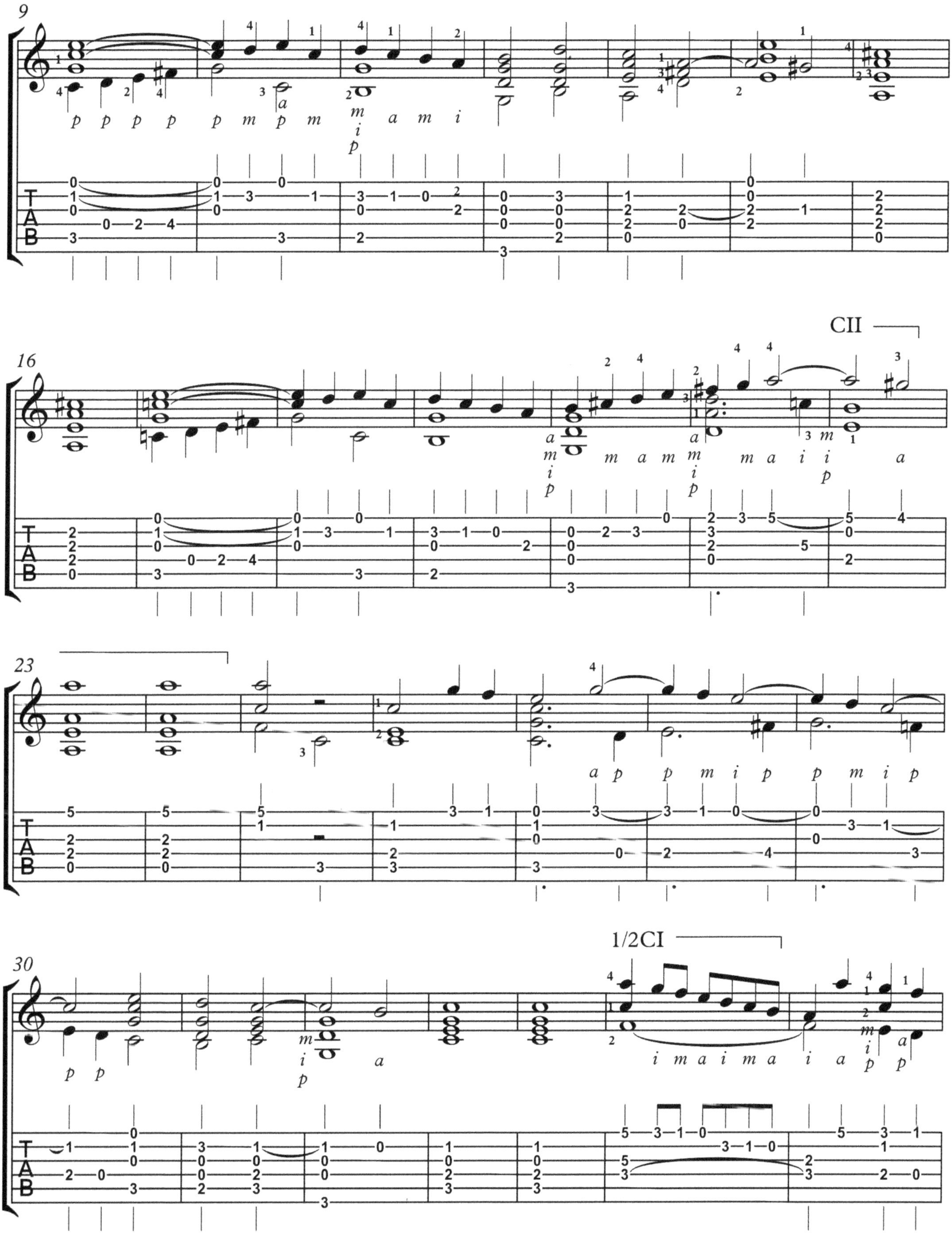
9
16
CII
23
30
1/2CI

O primeiro estudo de Matteo Carcassi em seu Op. 60 é um dos melhores para aprimorar técnicas de escala. Observe os dedilhados com muito cuidado e pratique cada seção lentamente. Esta peça deve ser tocada o mais rapidamente possível, mas isso não exclui a necessidade de praticar lentamente no início.

Exemplo 8e — Op. 60 No. 1 de Matteo Carcassi

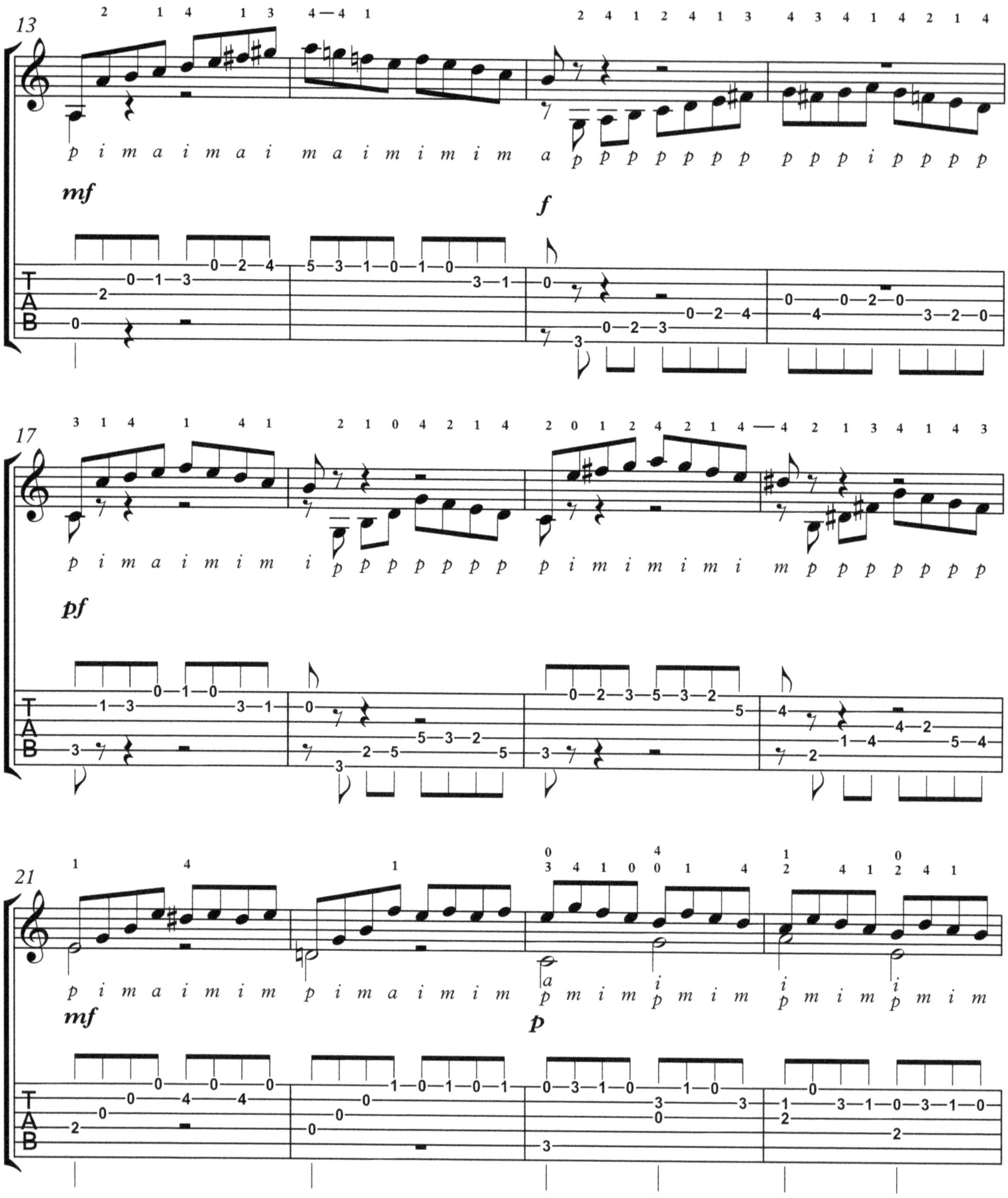
13
mf
f
TAB
17
pf
TAB
21
mf
p
TAB

25
p m i m i m i m p m a m i m a m p i m i m i m i m p p p p p p p p
f
29
1/2CII
1/2C VIII
1/2CII
IV
III
V
p i m a simile...
pf
rf
33
1/2C VIII
1/2CII
rf

37
m p p p p i m a p i m a i m i m p a m i m i m i p a m i m i m i
f
T
A
B

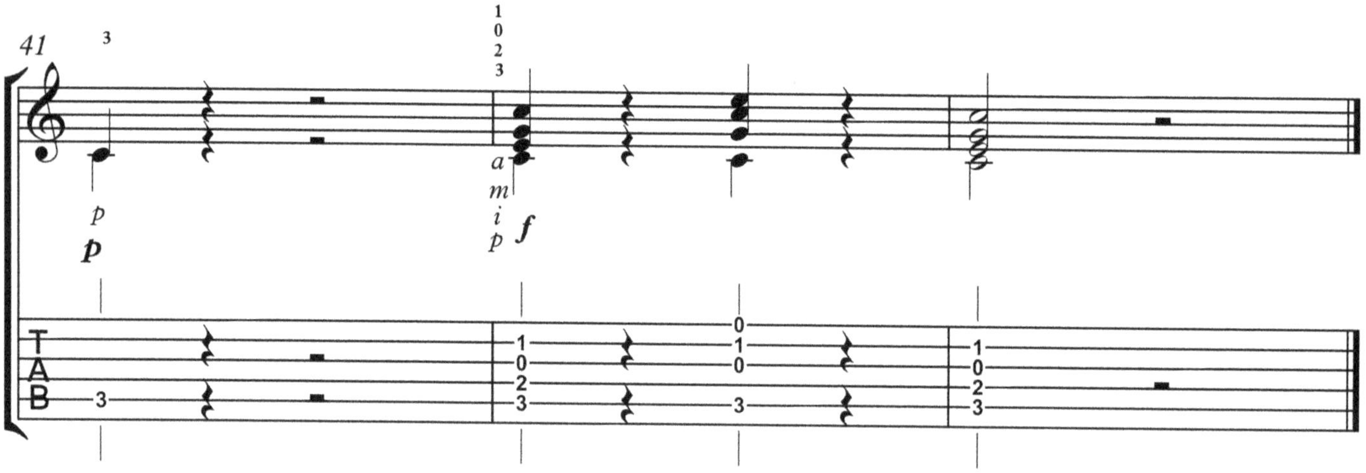
41
p
p
a
m
i
p
f
T
A
B

Capítulo Nove — Introdução ao Tremolo e Estudos Mais Desafiadores

O assunto deste próximo estudo é o tremolo. O tremolo é uma sucessão rápida de notas que dão a impressão de uma melodia única e sustentada. Pratique este padrão de dedilhado lentamente no início, mesmo deixando de fora a mão esquerda, se necessário.

Exemplo 9a — Op. 60 No. 2 de Matteo Carcassi

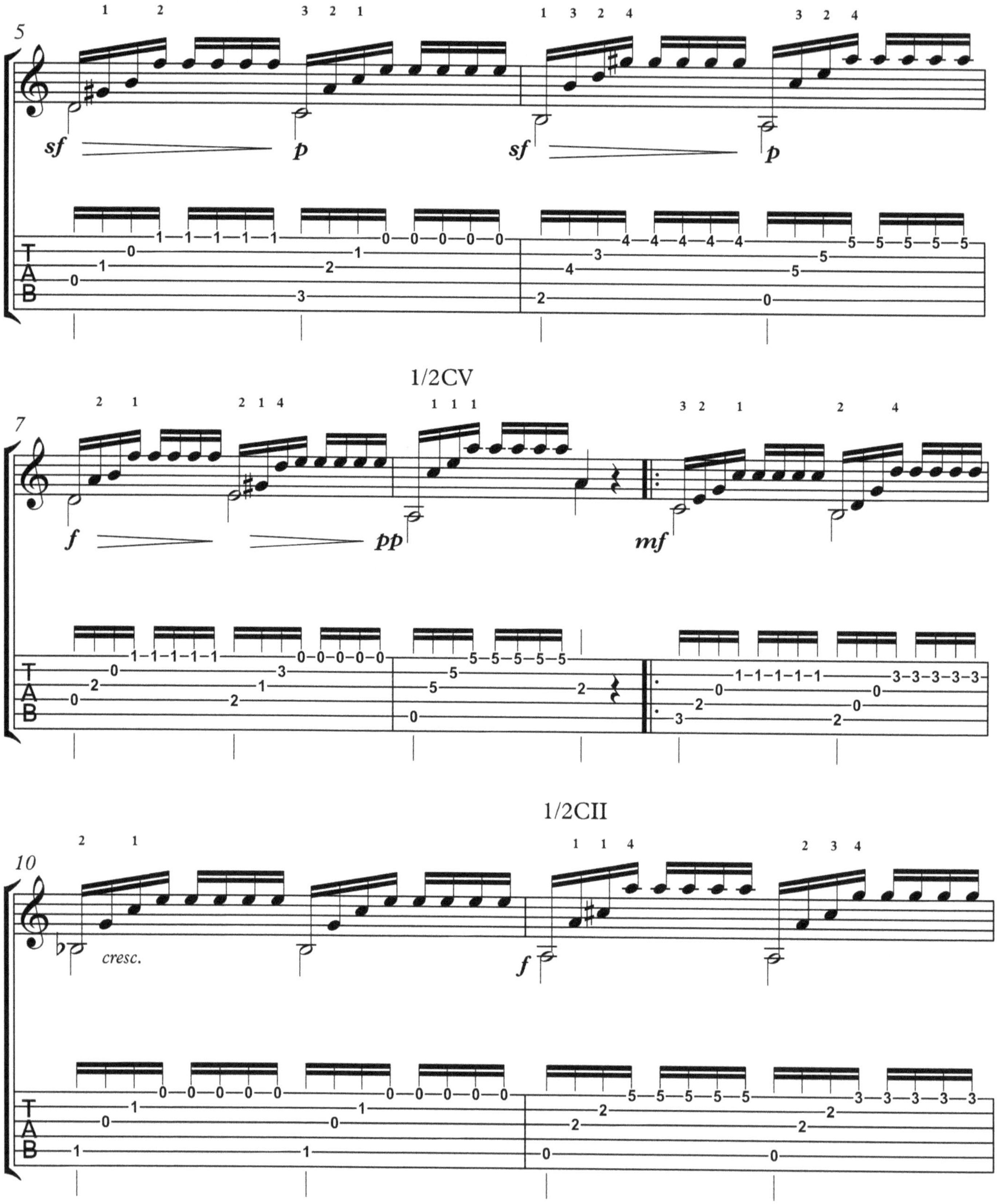
sf
p
sf
p
1/2CV
f
pp
mf
1/2CII
cresc.
f

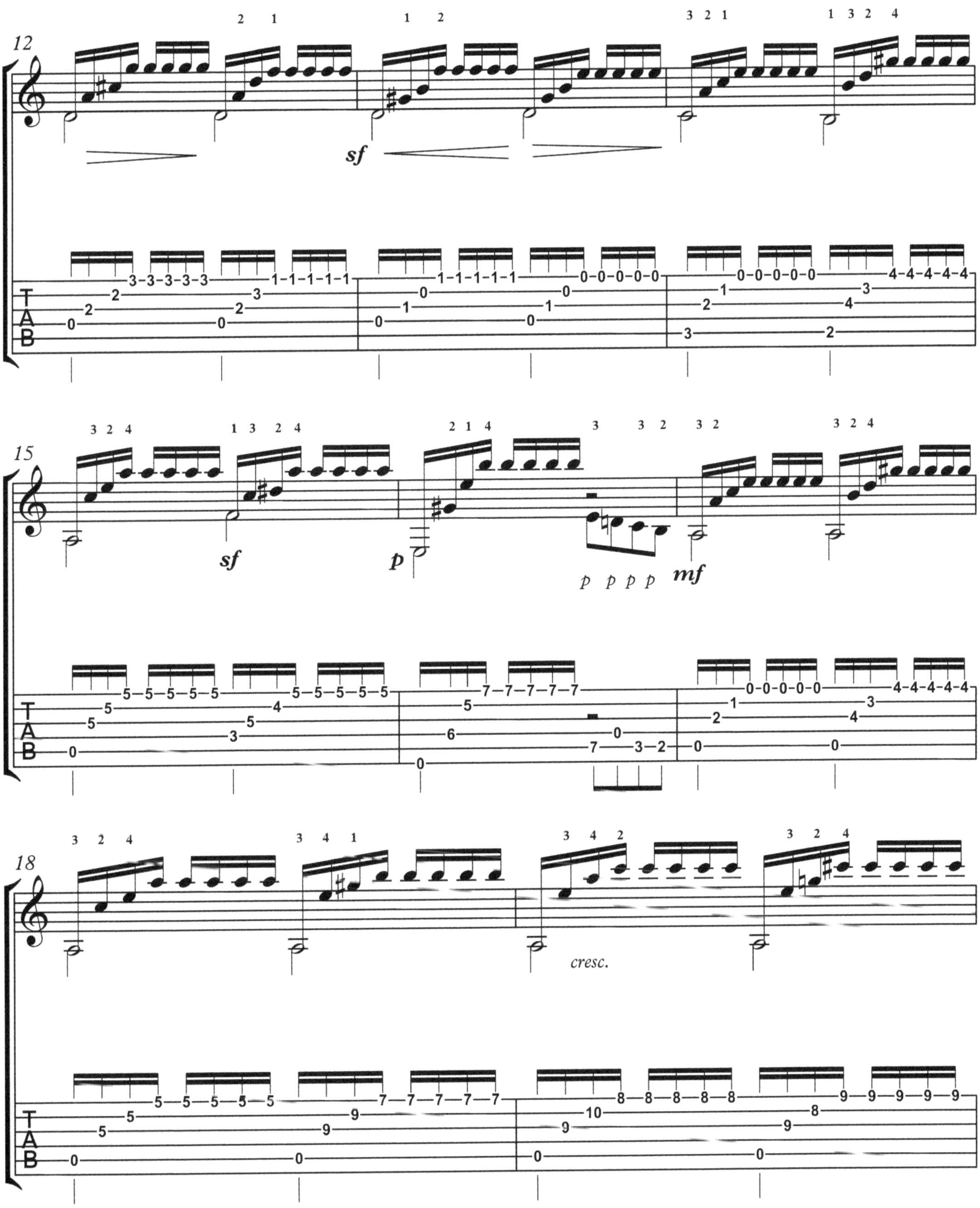
12
sf
15
sf
p
p p p p
mf
18
cresc.

Esta peça é como a primeira das Pavanas, mas está escrita no tom de G maior.

Exemplo 9b — Pavana No. 2 de Luis Milan

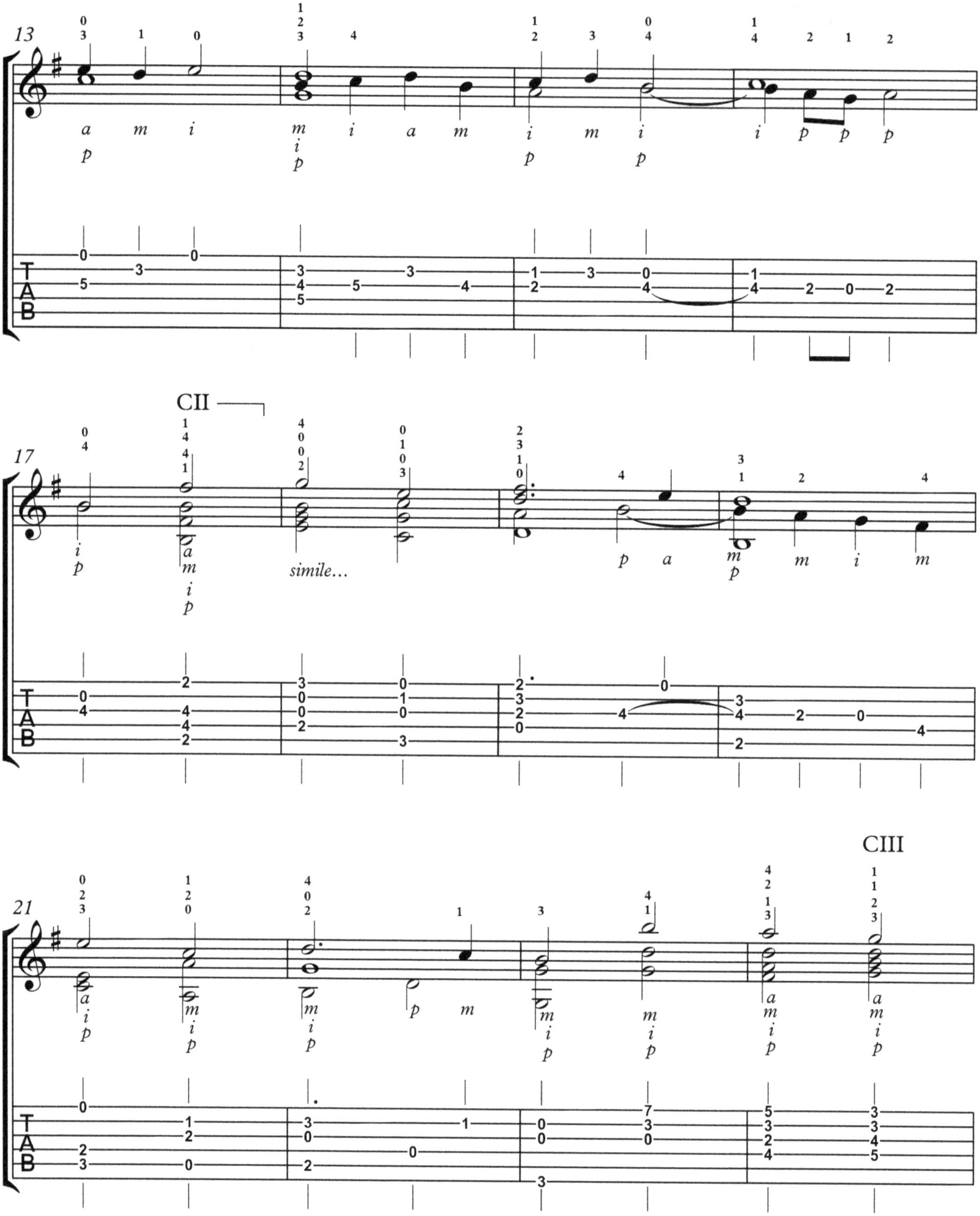
13
17
CII
simile...
21
CIII

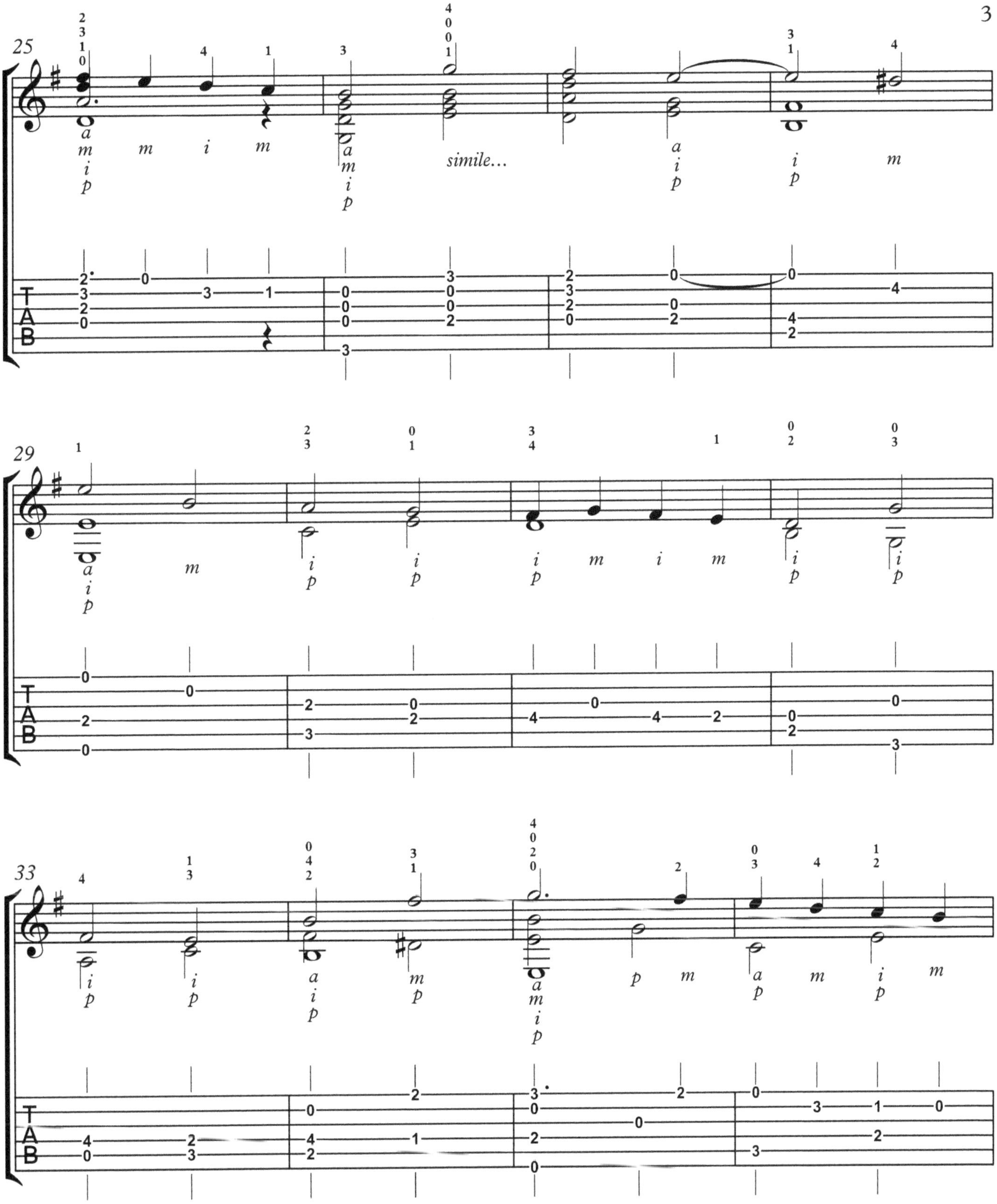
simile...

2/6CIII

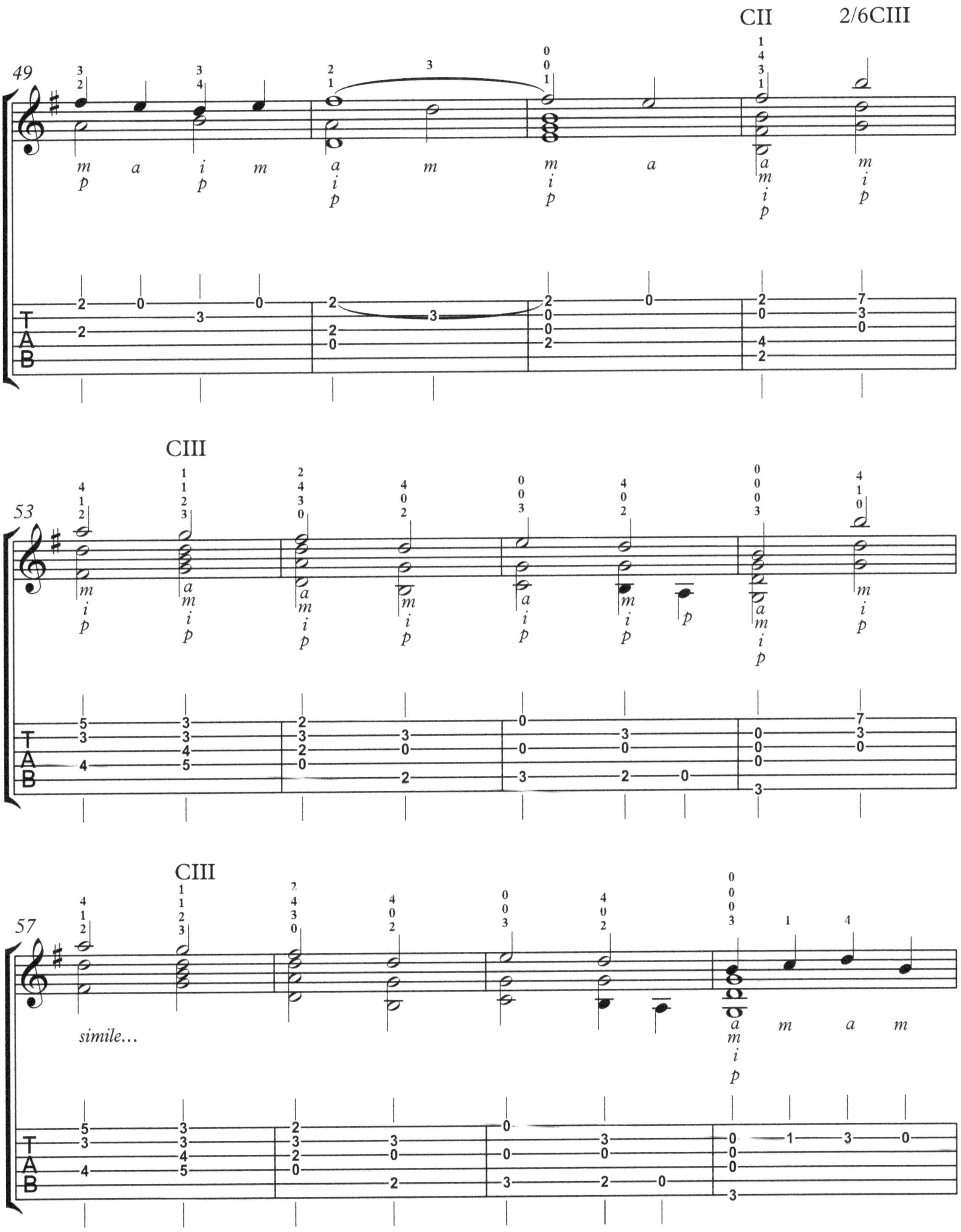
CII
2/6CIII
49
CIII
53
CIII
57
simile...

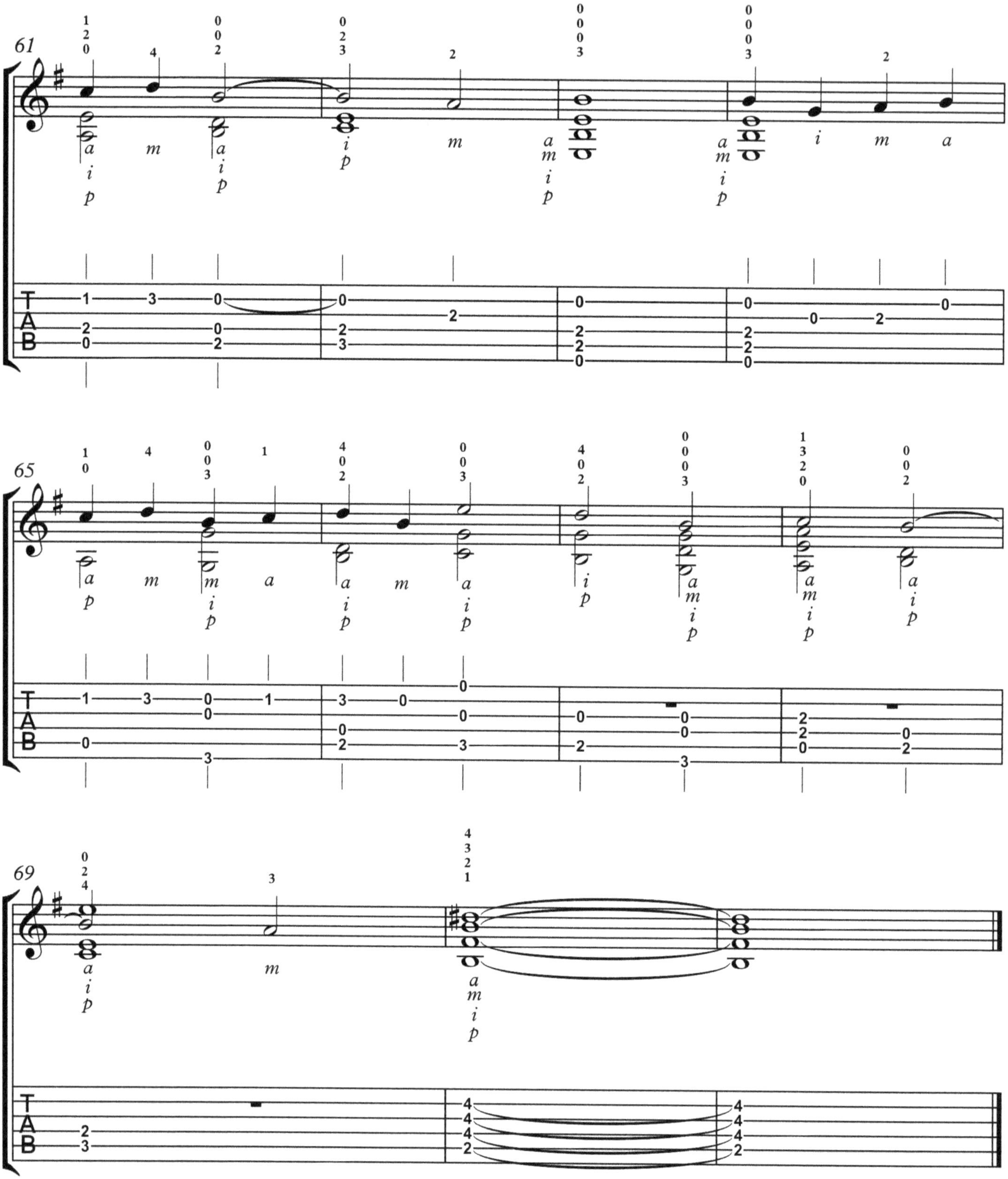
61
65
69

Capítulo Dez — Estudos Finais

Este estudo, muito parecido com o estudo em E menor de Francisco Tárrega, tem tudo a ver com melodia. Faça com que a nota de cima de cada acorde soe acima do resto.

Exemplo 10a — Op. 60 No. 3 de Matteo Carcassi

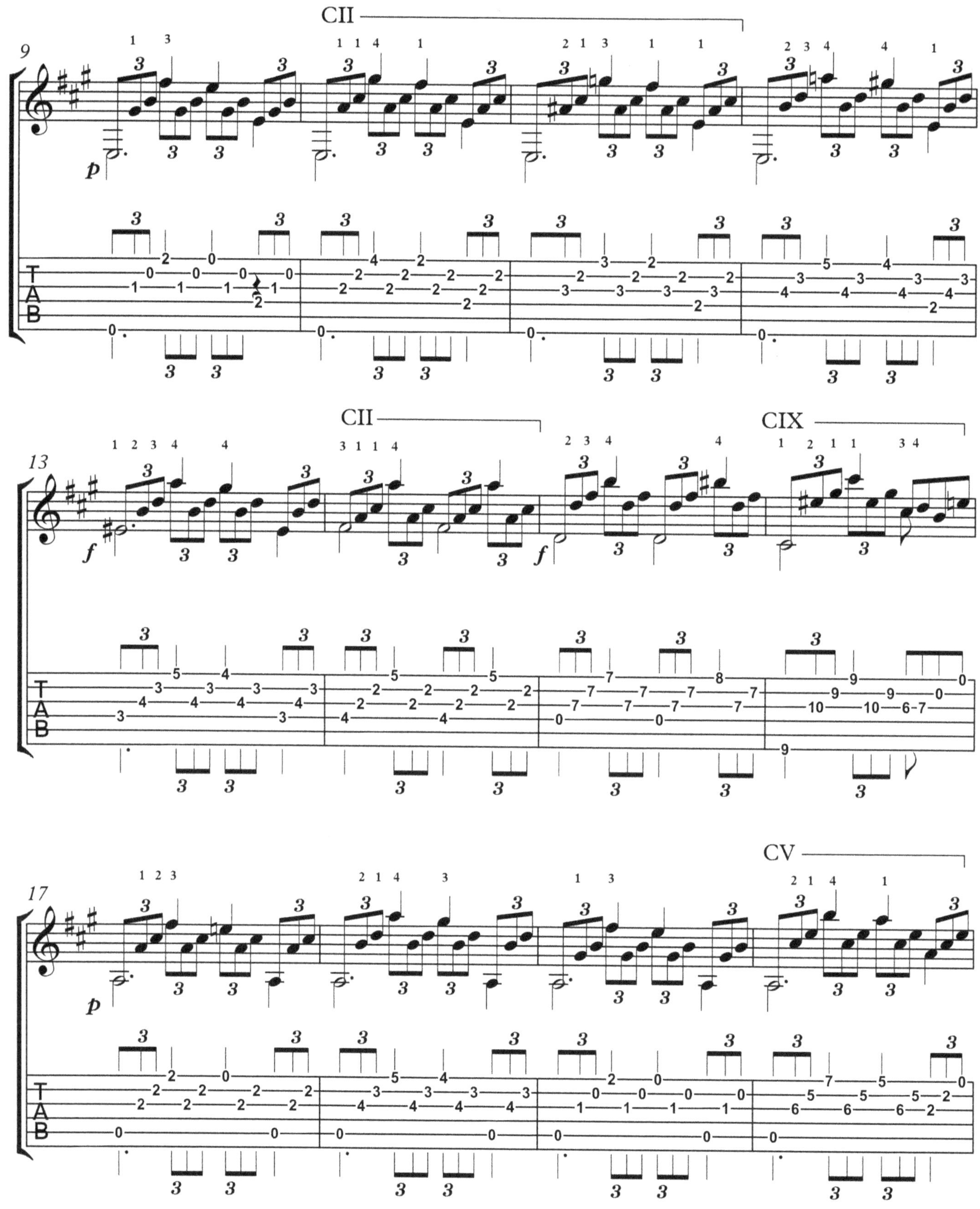
CII
CII
CIX
CV

Esta última parte do livro é desafiadora e rápida. As mudanças de acordes incluem pestanas e vozes múltiplas.
Pratique lentamente no início!

Exemplo 10b — Pavana No. 3 de Luis Milan

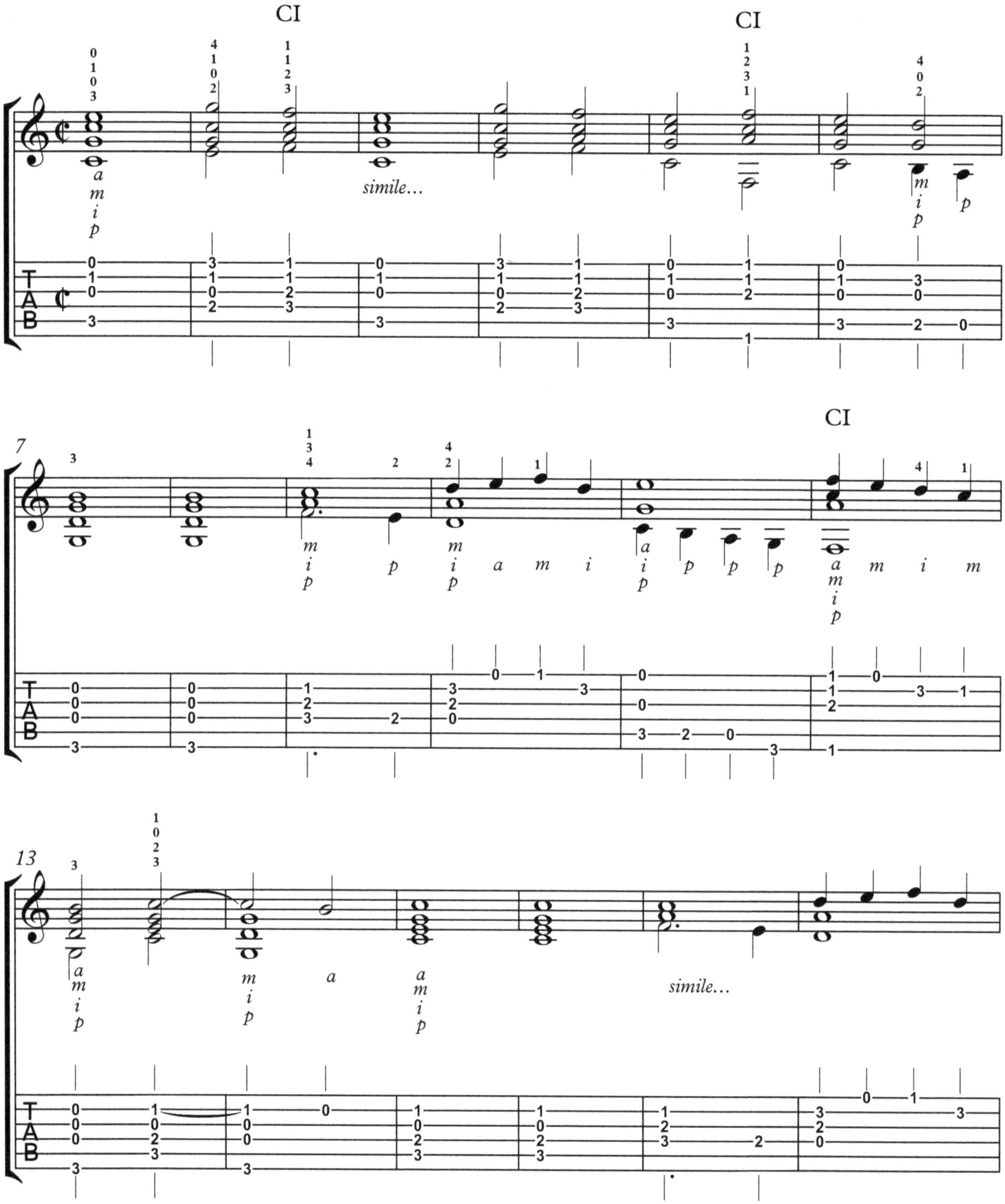

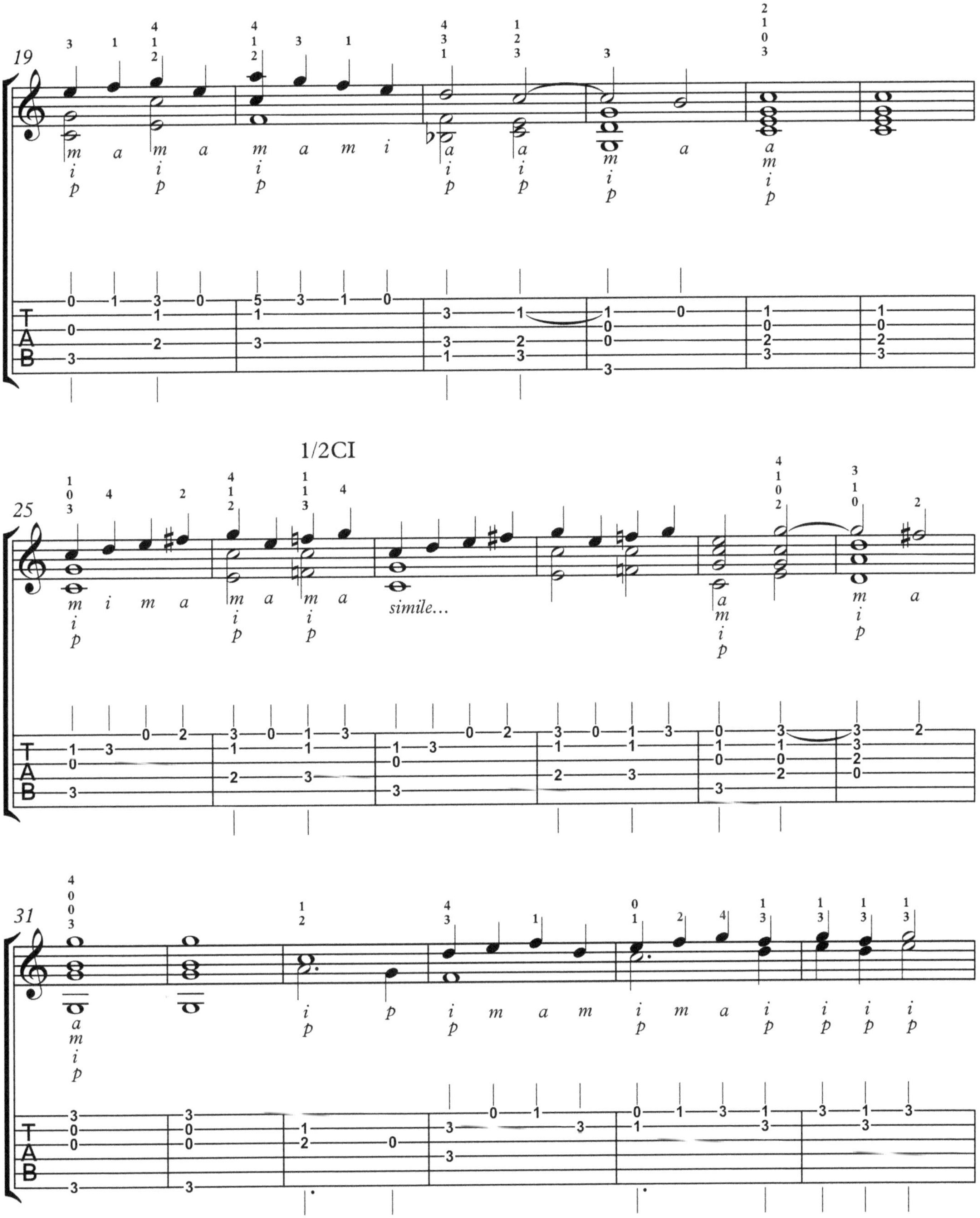
1/2CI
simile...

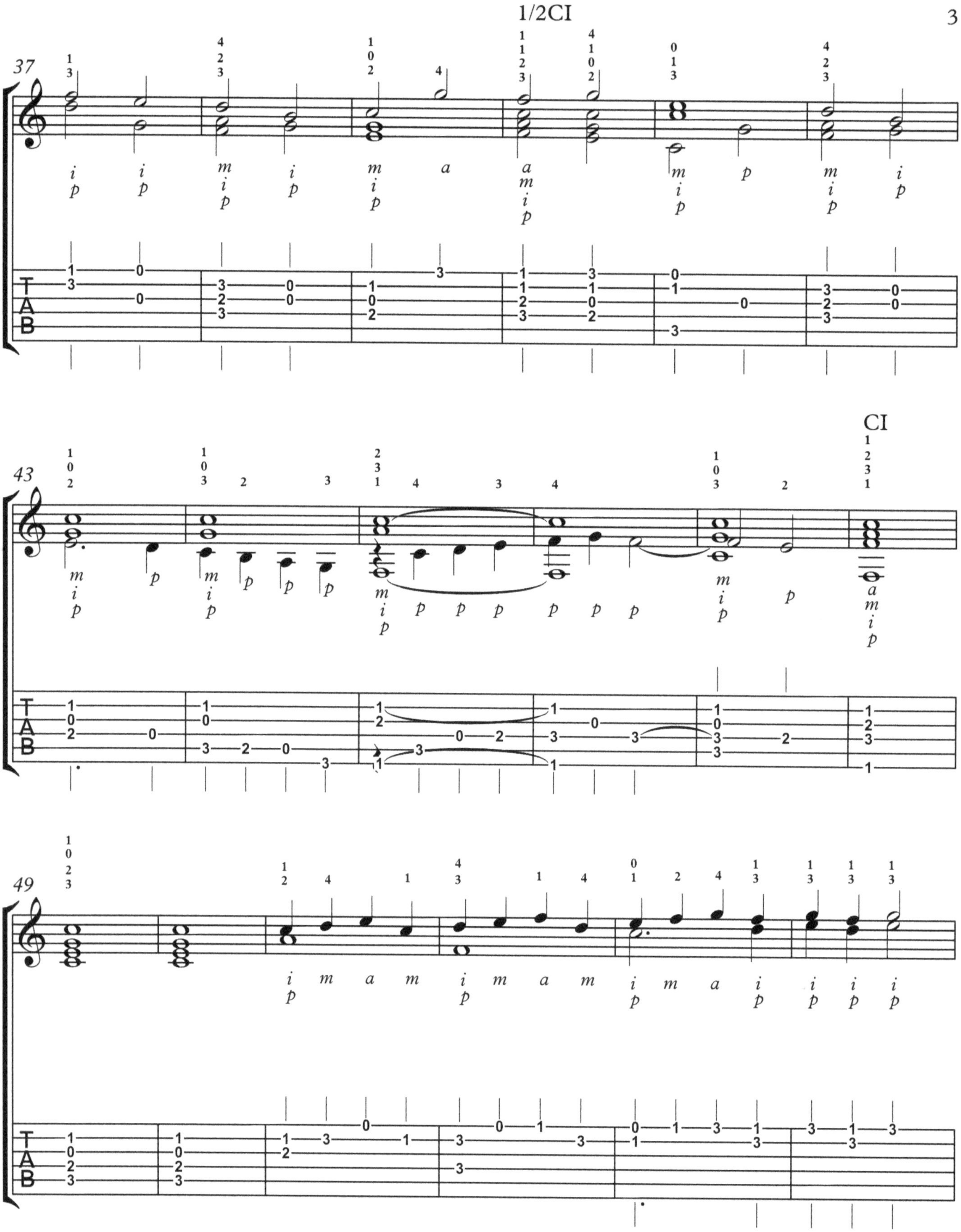
1/2CI
CI

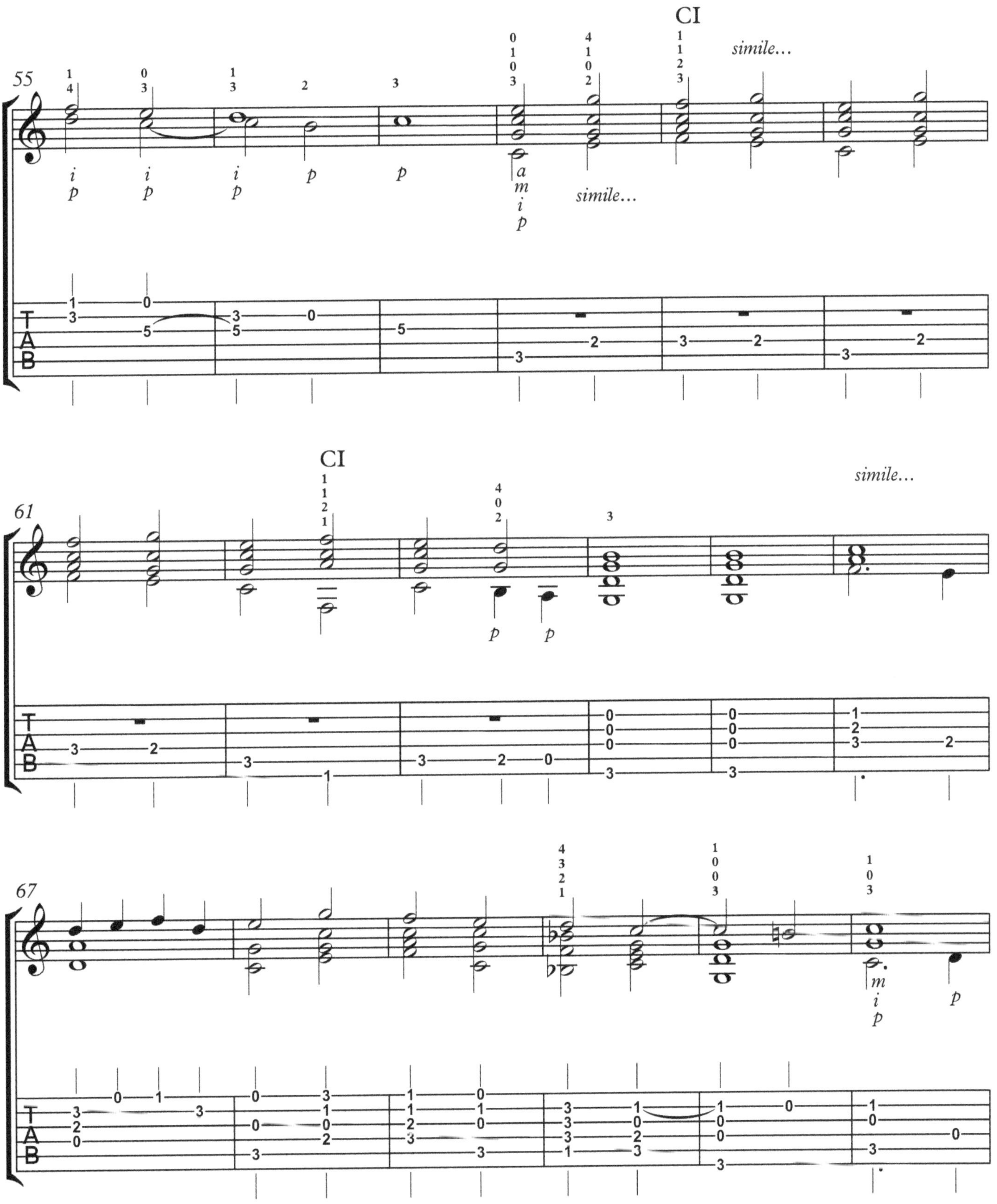
CI
simile…
55
simile…
CI
simile…
61
67

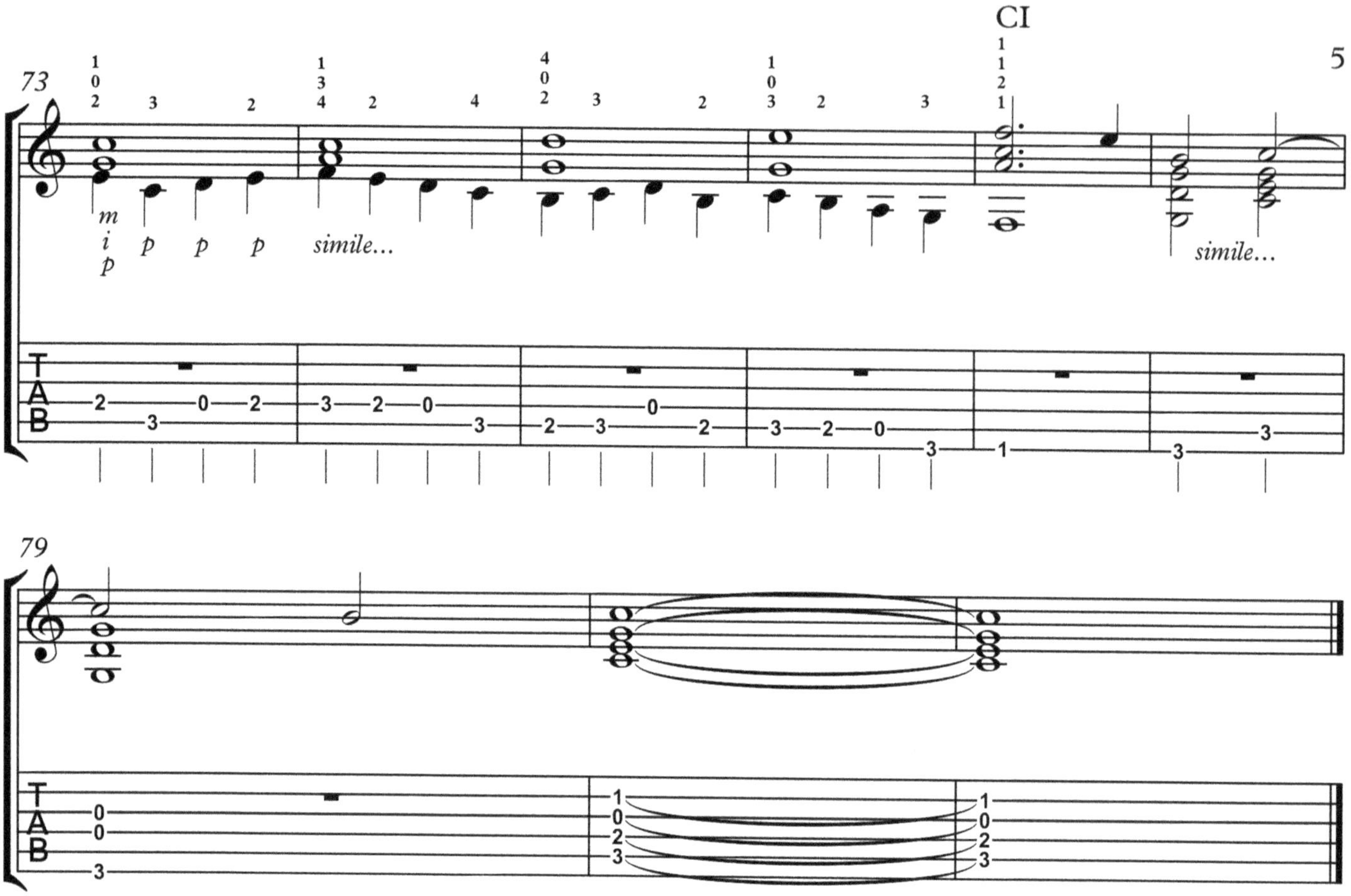
73
CI
5
m
i
p
p p p
simile...
simile...
79

Capítulo Onze — Escalas e Acordes

Este capítulo apresenta uma variedade de acordes, bem como escalas. Use estes acordes e escalas para se familiarizar com as tonalidades, bem como para se aquecer.

Exemplo 11a — A Escala de C Maior

Exemplo 11b — Acordes em C Maior

Exemplo 11c — A escala de G Maior

Exemplo 11d — Acordes em G Maior

Exemplo 11e — A Escala em D Maior

Exemplo 11f — Acordes em D Maior

Exemplo 11g — A Escala de A Maior

Exemplo 11h — Acordes em A Maior

Exemplo 11i — A Escala de E Maior

Exemplo 11j — Acordes em E Maior

Exemplo 11k — A Escala de F Maior

Exemplo 11l — Acordes em F Maior

Exemplo 11m — A Escala de A Menor

Exemplo 11n — Acordes em A menor

Exemplo 11o — A Escala de E Menor

Exemplo 11p — Acordes em E Menor

www.ingramcontent.com/pod-product-compliance
Lightning Source LLC
Chambersburg PA
CBHW081430090426
42740CB00017B/3247